——— 清华明德工具丛书 ———

丛书主编 / 王　名

副主编 / 李　勇

非营利组织项目管理

PROJECT MANAGEMENT
IN NON-PROFIT ORGANIZATIONS

韩俊魁　著

社会科学文献出版社

SOCIAL SCIENCES ACADEMIC PRESS (CHINA)

序

几年以来，一直都想写一本关于非营利组织项目管理的工具书。在公益慈善事业和非营利组织蓬勃发展且方兴未艾的今天，对于作为其组织立足与贡献社会最重要手段的项目管理，我们却一直没有一本适合且实用的工具书，实属不应该。可是同时又觉得这样一本书要真正做到面对多元化的社会组织能够"适合且实用"，着实挑战巨大。尽管做过不少的培训，手头也积累了不少课件，却迟迟下不了笔。工作忙没时间也就自然成了合理的借口。

公益慈善的项目与项目管理不同于一般工程和实物的项目与管理之处在于，几乎其所有的指向都是关乎人的，也就是我们常常说的以人为本。人有着心智、情感和意志的千变万化，由人组成的社区和社会则更加多元和复杂。从事公益事业的项目管理者所面对的挑战就可想而知了。

现代公益慈善的项目管理多强调参与，注重过程，特别是对象社群的学习过程设计。而一般工程项目所关注的物质化蓝图的实现往往只是存在于项目目标的下端，即"产出"（output）层面，作为实现项目高层目标，即"影响"（impact）的手段和载体，以追求人作为人在心智、心灵与意志三个层面上的转变与升华（transformation）。这是一个极为复杂和极具挑战性的过程，它需要项目去催化服务对象在心智、心灵与意志三个层面开放自己，从而做到真正有效的共同学习和共同创造，也就是彼得·圣吉和奥托·夏莫所说的 U 过程。而要实现这个过程，项目工作者还必须从自我做起，先自我，后他人，再社区和社会，构成一个双向的学习过程。将这一过程透过项目的方式设计出来，并使其落地实施，同时还要考虑到项目管理的诸多规范和要求，无疑是一件复杂的系统工程。要写出这样一本书，自然需要很多的积淀，以及很大的勇气。

当俊魁老师拿着这本《非营利组织项目管理》的书稿邀我讨论时，我不禁兴奋起来，也有些担忧这本书是否做到了我那"适合且实用"的要求。在怀着复杂的心情迫不及待地读完书稿后，才感到我的担忧是多余的。

俊魁与我交往合作多年，在我眼中，他一直是一位严谨、认真且率真的学者。早在2006年，他师从王名老师做博士后，所选择的案例恰恰是我当时所工作的机构，研究的项目也是我当时负责的项目。人类学出身的他在野外调研的那股执着劲，让我这个多年下乡的项目官员都有些招架不住。他到我的那个偏远贫困的项目点，一呆就是六个月。当同行们表示惊讶和佩服时，他却淡淡地告诉我，其实搞人类学这是最起码的。这些年来，俊魁做了大量的案例研究，从扶贫、社区发展到救灾，涵盖了大大小小的不同项目类型，积累了丰富的项目经验，而他严格的学术训练和对社区的人文情怀，使得他对不同非营利组织的愿景、宗旨和项目理念能够深刻地理解和融会贯通。这些使他能够熟练自如地在书中采用大量的不同机构的案例，涵盖国际和国内，扶贫、发展、救助和环保等领域，将内容写得十分丰富、可读，同时又不失项目管理科学所要求的逻辑、流程和内容的完备性。

非常高兴看到这样一本"适合且实用"于非营利组织项目管理的工具书的问世，相信它一定能够成为非营利项目管理者的案头必备。

王 超[*]

2015年11月于清华

* 王超，清华大学公益慈善研究院副院长，曾任世界自然基金会（WWF）—中国首席运营官、世界宣明会—中国总干事。

目　录
contents

第一章

非营利组织项目管理基础知识

第一节 引言

20 世纪 80 年代以来，非营利组织走进世界治理与发展的中心地带，其核心要素、身份特征以及作用正逐渐被识别。随着全球流动性要素激增以及新的社会问题不断出现，我们发现，非营利组织发展过程中所面临的挑战比该领域所使用的概念、理论和方法更为复杂。在千差万别的组织类型和极其多元化的活动领域背后，人们尚无法精准捕捉到非营利组织的内涵与外延，与之相关的组织属性、与政府关系、跨界合作、政策倡导等议题也长期聚讼不已。

20 世纪 50 年代，人们往往不会将管理和非营利组织进行关联[1]，与那时的状况相比，目前的一个基本共识是，组织和项目的专业化管理是非营利组织应对诸多挑战的有效手段。大型国际非营利组织较早注意到这一点，并付诸行动。例如，本世纪初，为了探索最佳的专业操作方法，以及最大限度地满足捐助人的期许，世界宣明会国际委员会决定为该组织分布于全球各地的国家项目办公室设计一整套项目设计、监测、评估的通用标准，经过近三年的努力后，于 2005 年完成了《从问责及

---

[1] 正如彼得·德鲁克在 1990 年写道："40 年前，管理对于非营利组织来说是一个非常负面的字眼。因为对它们而言，管理意味着企业行为，而它们恰恰不是企业。事实上，当时大多数非营利组织相信它们并不需要任何可能被称为'管理'的东西。毕竟，它们没有所谓的'损益'。"参见〔美〕彼得·德鲁克《非营利组织的管理》"前言"，机械工业出版社，2007。

规划的评估中学习》（Learning through Evaluation with Accountability and Planning，下简称"LEAP"）第 1 版，并在随后的 2007 年完成第 2 版的修订和完善。下文会频繁引用的这部第 2 版的项目管理手册，曾汲取了联合国、欧盟、行动援助、国际关怀等诸多机构的经验。再例如，香港乐施会的《项目手册》（中国内地项目适用）从 2006 年 12 月 1 日第 1 版生效起，至 2014 年 9 月，在短短不到八年的时间里已更新至第 6 版。一言以蔽之，对非营利组织面临挑战的专业化回应及解决，不仅事关第三部门的成熟与壮大，也关系到人类未来的福祉。

就国内非营利组织而言，近年来不断出现的公益事件背后，除了行政主导的怪圈、片面追求名人效应、不公开透明、与企业的利益输送等问题外，在很大程度上还与不尊重非营利组织的发展及项目管理的自身规律有关。重炒作、轻问责，重募款、轻运作，重负责人拍脑袋、轻成本与风险控制等是制约非营利组织快速、良性发展的通病。实践中，非营利组织项目失败的案例林林总总，就足以说明这一点。与大型国际非营利组织动辄上百页且不断更新的项目管理手册及其背后的发展理念相比，目前国内非营利组织普遍缺乏逻辑缜密并兼具国际发展视野的项目管理流程。

在国内近 20 年的非营利组织能力建设培训过程中，与政府关系、人力资源管理以及财务管理等内容占了极大比重，而这些培训的实际效果在很大程度上取决于政策环境、筹款环境以及税收环境等外部条件的改善，对非营利组织成长的直接推动也较缓慢。项目管理则不同。非营利组织项目管理水平的提升对外部政策环境的依赖程度较低，并且见效快。但遗憾的是，项目管理课程在诸多培训中所占的比重并不高。因此，非营利组织项目的专业化管理应当尽快提上议事日程。

一个贯穿本书的重要观点和"暗线"是：项目管理、非营利组织建设与人力资源管理看似重点不同，但实为密不可分的三位一体之关系：非营利组织为项目和人员提供了必不可少的组织载体，员工是组织管理和项目运作过程中的重要能动主体，项目是组织发展以及员工能力提升的关键驱动力。也就是说，项目管理水平的提高与组织制度建设以及员工的不断学习、创新之间相互依存、相互促进。因此，仅仅强调三者中之任何一个作为独立的发展方向均有失偏颇。这一观点对当前中国非营利组织健康发展来说具有很强的针对性。例如，一些政府和基金会资助草根组织时，要么只资助项目，要么只强调组织能力建设，要么只资助其人力成本甚至个别"精英或骨干"。可以肯定的是，如果资助方仅仅着眼于一个方面而不是重点关注三者之间的有机结合和有效转化，都无法从根本上提升公益质量。区分三者何者为重，就如同非要辨清手足、五官以及脏器之于人体孰轻孰重一样困难。资助某个项目，其实在一定程度上也是甄别胜任的组织或遴选合适人员的过程，三者需要恰当匹配。因此，从这个意义上说，本书的非营利组织项目管理既包括具体的项目定位、设计、实施监测、评估转化，同时也涉及非营利组织制度建设以及人力资源能力提升的过程。

在引言中指出以下三点原则极为必要：

（1）非营利组织项目管理是技术手段与管理艺术的有机统一。熟悉和掌握非营利组织项目管理的规则非常重要，但仅仅局限于此还不够，毕竟管理是人的主观能动性活动，需要经验和想象力、需要驾驭复杂的社会关系和运用妥当的人际沟通、协作之技巧，因此非营利组织项目管理应当是技术与管理艺术的统一。

（2）非营利组织项目管理是学习与行动的统一。知识可以通过书本学习而获得，但更需要通过不断实践操作而成为真知，即通过学习与行动的结合而掌握非营利组织项目管理的技巧。

（3）繁简适宜。本书写作是围绕非营利组织项目管理的理想类型而展开，并不意味着可以不加修改地照搬并应用于不同类型、规模不等的非营利组织的项目管理，而是需要根据组织性质、自身的具体管理规范、资金规模、资助方要求等进行繁简适宜的创造性转化。例如，一个十年周期的项目和仅持续一周的一次性项目之间，实操性项目和倡导性项目之间，大型非营利组织与草根公益组织之间，利用定向捐赠开展的项目和利用非定向善款运作的项目之间，差别实在过于显著。对于有的非营利组织来说，项目资金量少于一定之标准，则可以简化项目管理程序；项目资金规模越大，项目管理越严格。但无论怎么转化，都不能背离非营利组织项目管理的基本精髓。

此外，本书内容只适合国内开展公益项目的非营利组织或向非营利组织购买服务的相关部门。许多在全球范围内开展服务的国际非营利组织的跨国项目操作经验并未涉及。

最后需要强调的是，非营利组织项目管理是发展理念、组织使命与战略在中观与微观层面的落实与实践。二者之间存在明显而确定的逻辑关系。因此，在进行非营利组织项目管理时，应时时追问为什么这么做、组织从哪里来（即行动出发的起点是什么）、到哪里去（组织的战略目标是什么）等宏观问题。

第二节　非营利组织项目的核心概念及管理原则

一　非营利组织项目的定义

定义"非营利组织项目"之前，首先需要给"项目"下定义。目前，广泛流行的关于"项目"的定义基本与企业管理或公共事务管理密切联系在一起。

极富权威性的美国项目管理协会对"项目"作了如下定义："项目是为创造独特的产品、服务或成果而进行的临时性工作"。接着，项目管理协会对"临时性"和"项目产出"等几个关键词汇作了说明："临时性"是指项目有明确的起点和终点。临时性并不一定意味着项目的持续时间短，而是指项目的参与程度及其长度，而非项目产出及其影响。"项目产出"即该定义中所说的"产品、服务或成果"，这些可以是有形的或无形的。项目产出中可能包含某些重复的元素，但并不会改变项目工作独特性属性。与惯常的组织工作相比，项目产出除了独特性，还可能存在不确定性和差异性。总之，项目可以表现为：创造某项产品、提升某种服务能力、改进现有服务或业务流程、开发或购买新的信息系统、执行某项研究、基础设施，等等。①

这个很简洁的定义被广泛援引。但深究可以发现该定义存在以下两方面的不足：首先，忽略了质量、风险、创新、项目与其他组织流程的关系等要素。针对这种情况，其他的项目定义者们又增加了新的要素：项目是具有开始和结束的一次性努力；项目是涉及多个职能部门的，具有多功能性；项目需要消耗人力或资金、设备等非人力资源；项目是有较高风险的；项目开发要以可交付的一个或一组特定成果为目标，目标有质量要求；项目需以客户为中心；项目主要致力于开发最新、最先进的产品、服务和组织流程，为变革管理提供方法和策略；项目为组织战略的设计和执行奠定了基础，等等②。其次，该定义对临时性的项目和连续重复的日常组织工作之间区分并不清晰。

在此问题上，杰弗里 K. 宾图的观点值得关注。在引用了一位学者关于日常组织流程的定义，即"不断发展的日常活动，组织利用这些活动来生产产品或提供服务，以连续重复的方式对现有的系统、资产和能力进行利用"之后，他指出，建筑业、日常流程中心等组织的项目往往和日常组织工作相重叠③。也就是说，大多数组织的项目和组织日常工作迥异，但对有的组织而言，二者相互覆盖。

另一位管理学家哈罗德·科兹纳更为彻底，他从宏观层面将企业分为项目驱动型组织和非项目驱动型组织。前者"如建筑业或飞机制造业，所有的工作都以项目为特征，而每个项目作为一个独立成本核算的单元，有其自己的盈亏报告。公司的总利润就是所有项目利润之和。在项目驱动型组织中，一切都与项目有关"；后者"如技术含量低的制造业，盈亏是通过垂直或职能线衡量的。在这种组织中，项目的存在仅是支持产品线或职能线，资源优先分配给创造收入的职能线活动，而不是

---

① 〔美〕美国项目管理协会：《项目管理知识体系指南》（第5版），电子工业出版社，2014（2005），第3～4页。

② 〔美〕杰弗里 K. 宾图：《项目管理》（第2版），鲁耀斌、赵玲译，机械工业出版社，2012，第4～6页。

③ 〔美〕杰弗里 K. 宾图：《项目管理》（第2版），鲁耀斌、赵玲译，机械工业出版社，2012，第4页。

项目"；"非项目驱动型组织或许也存在很多固定项目，它们都是为提高效率而设计的。有些项目是客户要求的"①。哈罗德进一步区分道：获得新的项目对项目驱动型企业意味着生命源泉，而项目的高价值需要极具活力的项目管理方法。而在非项目驱动型企业，项目更多以非正式的形式管理。尽管非正式的项目管理和正式的项目管理相似，但文档工作的需求可以减至最低限度②。

类似地，政府组织里，除了极少数以研究和支持创新为职能的部门外，基本都属于非项目驱动型组织。但在日常管理工作的同时，政府很多部门也会开展一些为了改善管理的试点项目，但有别于正式的项目管理。

综上，这里对"项目"定义如下：为满足市场、公众的需求，以及实现企业、政府组织生存与革新，以创造性生产一个或一组可交付产品、服务、研究或流程等高质量成果为目标，所开展的跨组织内部部门或跨组织的具有较高风险和高收益的一次性活动的总和。项目与组织日常活动存在很大差异，但也可以有机结合。比照上述定义，将"非营利组织项目"定义如下：为直接或间接满足公众、会员尤其是脆弱群体的需求，以及实现非营利组织生存与革新，紧紧围绕组织宗旨，以创造性生产一个或一组可交付公益产品、服务、研究或流程等高质量成果为目标，所开展的跨组织内部部门、跨组织，甚至跨非营利组织—政府—企业的、具有很多不确定性的、一次性活动的总和。项目与人力资源管理、组织行政管理、财务管理以及品牌管理等组织日常活动往往密切交织在一起，但也存在一定差异。

笔者定义和杰弗里 K. 宾图、哈罗德·科兹纳对"项目"的定义有诸多相似之处，但和这二人偏重企业项目的定义相比，本人定义试图从更综合的视角理解项目，进而在此基础上把握非营利组织项目之含义。为了更好理解企业项目（含政府项目）和非营利组织项目之间的差异，

___

① 〔美〕哈罗德·科兹纳：《项目管理：计划、进度和控制的系统方法》（第 11 版），杨爱华、王丽珍、洪宇、李梦婷译，电子工业出版社，2014，第 22 页。

② 〔美〕哈罗德·科兹纳：《项目管理：计划、进度和控制的系统方法》（第 11 版），第 23 ~ 25 页。

接下来从需求指向与实施主体、项目对组织的意义、项目与组织日常工作之关系以及对一次性活动的理解等四个方面进行区分。

（一）两者的需求指向和实施的主体不同

前者是企业和政府为了满足一般公众的需求，为了追求利润或合法性执政基础所开展的活动，而后者是非营利组织以直接或间接服务弱势群体、倡导其权利为己任，紧密围绕组织宗旨而实施的活动。

（二）项目对组织的意义不同

对于企业和政府而言，项目更多意味着创新。创新与否关乎组织生存或合法性高低，尤其对于那些项目驱动型组织来说更是如此，而非营利组织几乎都是项目驱动型组织。此外，项目对大多非营利组织的生存意义更大，创新其次，即使对那些大型基金会、有稳定政府资金来源以及自身营利能力很强的非营利组织也往往如此。

（三）项目与组织日常工作流程之间的关系及二者对于组织的意义不同

对于企业和政府来说，大部分工作都是围绕着日常工作流程进行。由表1-1可知，企业组织的日常工作流程和项目流程差异很大，而且，二者之间还往往存在冲突。项目主要用于研发新的系统、程序和产品，但项目所投入的人力物力占组织总人力物力的比重不会很高，尽管项目对企业组织来说非常重要。

表1-1　（企业）日常工作流程和项目

流程	项目
重复流程或产品	新流程或产品
几个目标	一个目标
持续进行	一次性——有限的生命周期
同一部门的人员	不同部门的人员
利用已有的系统来整合资源	为了整合资源而创建系统
绩效、成本和进度的确定性较大	绩效、成本和进度的不确定性较大
直线集权型企业的一部分	跨越多个直线集权型企业组织

续表

流程	项目
保护已建立的惯例	改变已有的惯例
维持现状	推翻现状

资料来源：Graham, R. J.（1992），A survival guide for the accidental project manager. *Proceedings of the Annual Project Management Institute Symposium*. Drexel Hill, PA：Project Management Institute, pp. 355－361。转引自〔美〕杰弗里 K. 宾图：《项目管理》（第 2 版），鲁耀斌、赵玲译，机械工业出版社，2012，第 7 页。

但对非营利组织来说，项目流程和日常工作流程往往密切交织在一起，二者并不存在矛盾和紧张关系，反而互相支持。不论以人力投入为主的志愿服务组织、倡导组织，资金投入为主的资助型基金会，还是两者并重的运作型非营利组织，项目对其生存至关重要。这些组织的日常工作，诸如人力资源管理、组织行政管理、财务管理以及品牌传播等①，往往围绕着项目来运行。换言之，如果没有项目，大多数非营利组织就无法维持生存。

在小型非营利组织，尤其在草根组织中，为了节约成本，加之人力资源等行政管理工作量并不大，往往一人身兼数职，财务等人员也常由外来人员兼任。因此，在资金压力之下，其全职员工几乎所有的精力都用于申请和运作项目之上，日常工作只能退而求其次了。中国艾滋病防治领域的绝大多数组织都属此类。即使并非总是倚重组织筹款的志愿服务组织，也不得不想方设法设计和开展项目，否则志愿者的认同度将大幅降低，并出现志愿者大量流失。

互益性的行业协会和公益取向的非营利组织也有差别。大致说来，前者的日常工作流程所占比重较大，后者项目活动所占份额较高。

项目不仅对草根组织的生存至为关键，对大型基金会来说也是如此。浏览一下国内外知名度较高的非营利组织的官方网站，均可发现项目对于组织的重要意义。有的则统称为"项目部"，而有的国际非营利组织则不单设项目部门，有的组织会根据项目内容设立多个相对独立的

---

① 对于有筹款功能的非营利组织来说，多设筹款部。

项目部门，如中国扶贫基金会用区域办公室的方式表明其影响力的广泛存在，区域办公室下设含项目部门在内的组织架构（如图1-1）。实际上，各区域办公室通过项目而紧密关联。例如，世界宣明会通过在发达国家或地区所设立的筹款办公室筹集资金，而在欠发达国家和地区则设立项目办公室具体操作项目。

图 1-1 中国扶贫基金会的部门设置

	行政法务部	人力资源部	计划财务部	资讯监测研究部	品牌传播部
小额信贷					
紧急救援部					
母婴平安部					
国际发展部					
项目合作部					
新长城项目部					
公众捐赠部					
普品网筹备组					
灾后重建办					
资源开发部					
广东办事处					

（理事会 → 会长会议 → 秘书处）

资料来源：http://www.cfpa.org.cn。2014年11月浏览。

（四）对一次性活动的理解略有差别

企业产品研发或基础设施建设等工程项目几乎不可能重复。但非营利组织项目有所不同。一般向弱势群体捐赠物资或发放补助金，都是一次性的。例如，向灾民发放各种物资，像中国扶贫基金会的"'情系玉树'一万家·500元/户救灾生活补助费项目"等。即使一家非营利组织长期在一所贫困学校开展助学，资助对象也会有变化，因此严格说来也是一次性的。但有些面对特定社区和群体的、周期较长的生计项目、社区发展项目，如小额信贷，看似项目年复一年，资助对象也没什么变化，但实际上这些项目不可能永久持续下去（一般国际发展型非营利组织的社区综合发展项目周期为 10～20 年）。而且，资助对象每年的生计状况都是有变化的。因此，从这个意义上来说，非营利组织的项目也是一次性的。

总之，我们不能简单套用企业项目概念，而是必须在更宽泛的意义上理解非营利组织的项目。正如香港乐施会对"项目"界定的那样：项目指所有运用乐施会资金，由乐施会员工或支持合作伙伴实施的特定的扶贫及发展活动，包括：①按"项目资金审批权限"审批的项目；②按年度计划及预算而设定的活动；③按需要在年度计划及预算外加设的活动。①

二 项目群、项目、子项目与项目点

为了实现组织特定的战略目标，项目可以组合成为项目群，也可以分解为不同的子项目。项目群—项目—子项目的区分看似一目了然，但是，试图从定义上或实践中清晰甄别三者之间的边界相当困难。我们先看一下世界宣明会关于"子项目"和"项目"界定的例子：

> 子项目"是有时间性的，要按成本和日程表达成所定的目标，通常是针对一个领域、主题或者问题的一系列活动。子项目通常由一个资助人资助，但也可以由多个伙伴及机构资助，可以有几个不同的资助来源"；
> 项目"是有时间性的，由一个或多个子项目互相协调，以达到预期的项目目标。项目可以跨越不同领域或主题，用多方学术的方式，涉及不同伙伴或机构，可以有几个不同的资助来源"。②

深究可以发现，上述界定中，项目和子项目的区分非常模糊，甚至

---

① 香港乐施会：《项目手册》（中国内地项目适用），2014 年第 6 版。
② 世界宣明会：《从问责及规划的评估中学习》，2007，第 19 页。

不准确。姑且不论时间性上的差别（世界宣明会一般将每个子项目的周期界定为不超过 5 年，而项目周期更长，但不易规定），子项目针对"一个领域、主题或者问题"的表述显然较为笼统。例如，某非营利组织致力于儿童发展这一领域，但这一领域又可以细分为儿童营养改善、儿童权益保护、儿童助学、残障儿童发展、女童成长、儿童所在校舍改造、针对儿童的音体美教育、给儿童捐赠物资、儿童父母的行为改变等。这时，我们就很难说这些是或者不是同一个领域、主题或问题。此外，子项目需要考虑成本、日程，项目是否也需要进行成本核算和拥有较明确的周期？最后，该界定强调子项目通常由一个资助人资助，那来自公众捐赠的活动能否称之为"子项目"？从表 1-2 可以看出，该机构对项目和子项目的区分依然不甚明确。

表 1-2　世界宣明会关于项目与子项目的界定

	子项目	项目
范围	通常只有一个领域，时间短，较聚焦，通常在一个国家进行	超过一个领域，时间较长，通常在一个国家进行，但也可以在多个国家或全球进行
常用的项目设计框架	• 全球性、地区、国家办事处策略 • 政策和公共教育 • 转化性发展 • 救灾管理周期 • 责任协议，例如 Sphere • 紧急响应的政策和标准 • 资助人和当地伙伴的定义 • 项目设计主题	• 全球性、地区和国家办事处策略 • 政策和公共教育，包括人权和其他联合国会议、地区渠道及国家法律和政策框架 • 转化性发展 • 救灾管理周期 • 责任协议，例如 Sphere • 紧急响应的政策和标准 • 项目设计主题
目标人口	直接参与项目活动的个人及小组	受项目各个子项目的效益所影响的全部人，不论他们是否直接参与项目活动
资金	一般只有一个资助来源	一般有多元的资助来源
目标	处理贫穷的立即性、深层或根源的问题活动（和投入）、产出、效益	处理贫穷的立即性、深层或根源的问题的子项目及项目目标

续表

	子项目	项目
管理	• 宣明会人员或当地项目伙伴 • 直接负责执行活动和产出	• 宣明会人员、当地或非当地的项目伙伴,如资助办事处人员、国际公共教育伙伴 • 负责协调各个组成项目的子项目

资料来源:世界宣明会:《从问责及规划的评估中学习》,2007,第19~20页。

笔者的界定如下:

(1) 项目群等同于非营利组织战略目标,是组织品牌的核心,是一个组织竞争力中最重要的组成部分;项目群的架构、设计并非由个人,而是由类似于理事会的集体所决定;项目群意味着投入巨额人力物力;项目群的分布范围、层次、数量取决于该组织的宗旨、战略、筹款能力以及组织可控能力;项目群具有高度整合的特征;项目群在很大程度上受制于政治、环境、经济等因素;项目群可以分为子项目群、项目、子项目等不同层次的活动;项目群的开展几乎不受时间周期的限制,但在一定阶段会适当调整;有较稳定资金来源的大型非营利组织才涉及项目群管理。

(2) 项目更接近于组织的技术目标,是指除人力资源管理、组织行政管理、财务管理以及品牌管理等组织日常活动之外的一系列活动的总和。对于大型非营利组织而言,项目是构成项目群的基本单位。一般组织都会实施多个项目,这意味着不同项目分别有单独的、较为稳定的实施团队和项目负责人、不同的操作化指标体系以及可区分的项目内容;项目服务于组织战略;对一个具体项目点来说,项目有较明确的周期。

(3) 子项目是组织具体活动的微观环节。子项目直接服务于项目,有着更为具体的操作指标和周期;有较小规模的执行团队。如果一个非营利组织的项目足够具体、规模适中,就没必要再细分为子项目。

香港乐施会的农村发展与人道救援团队负责实施两类项目：一、人道救援项目。其目标是：通过专业、及时、高效的参与式人道救援，回应受灾弱势人群的迫切需要，过程中体现透明和问责，特别关注粮食、安全饮用水、环境卫生及健康促进；二、农村发展项目。其目标包括：目标1：在西部贫困、多灾/受灾社区，采用参与式的工作手法，改善社区的生计，提高社区防减灾和应对气候变化的能力；提高社区自我管理能力，促进社区可持续发展。目标2：推动相关部门完善和落实有关提高社区气候变化适应能力的政策和措施。目标3：促进扶贫系统参与式扶贫管理机制创新。目标4：改善贫困艾滋病感染者的药物依从性和家庭生计状况，支持感染者小组对在地艾滋病政策的制定及执行产生影响。①

上述界定并不能保证将所有非营利组织的项目群—项目—子项目清晰区分开来，只具有类型学的相对参考意义。每个组织可以根据自身能力和需求进行分类。此外，需要指出的是：①就活动周期而言，项目群耗时最长，项目次之。如果有子项目，则再次之。②项目群的定位对其构成成分——项目或子项目具有更强的决定性作用。③无论项目群，还是项目或者子项目，其开展的整个周期都不仅是组织内部某个部门或团队的事，而是需要跨部门开展合作。④目标群体面临的社会问题（阶段性）消失，意味着项目即将终结。⑤在笼统意义上，项目在口语上与项目群、子项目往往混同使用，但在明确语境中可以区分。

对于小型非营利组织管理人员来说，不仅使用"项目群"这一词汇，甚至连项目与子项目也没必要区分，因为其资金规模限制了同时开展多个项目的可能性。但对于有能力开展两个以上项目的组织，尤其是那些在国际—国家—地区等多个层次开展多个项目的大型非营利组织来说，区分三者，尤其是项目和子项目，就显得格外重要：首先需要从目标、投入以及产出等角度考虑设立项目或子项目的必要性。

---

① 《香港乐施会项目手册》（中国内地项目适用），2014年9月第6版。

除非是大型综合发展类非营利组织，否则项目数量不宜过多。同理，一个项目所包含的子项目数量也不宜太多。比如，世界宣明会规定："同时进行的子项目数量越少越好，最好不多于 5 个，直到资源基础及伙伴能力都建立好为止。"① 其次，要按项目或子项目的重要程度进行排序，筛选出对目标群体影响因子最大的前几项，并确定实施的优先顺序。最后，从资金预算、执行风险以及组织战略规划角度考量项目或子项目之间的逻辑关联性。对于大型非营利组织来说，项目与子项目之间如何通过逻辑关联形成合力是至关重要的战略问题。例如，图 1－1 中，中国扶贫基金会的诸多项目之间的逻辑关联就是思考组织战略的关键点。

项目点指特定项目活动发生的地域范围。同一项目可以有多个项目点，一个项目点也可以同时实施多个互为补充的项目。项目点一般比较小。具体而言，项目点一般在一个或多个街道（乡镇）或城市社区（行政村）的辖区范围之内。如果在一个县域开展项目，我们一般称之为"项目县"。再往上，可以分别称"项目省""国家项目区域""项目国家""项目国际区域"等等。当然，把这些说成"项目点"也不会有错，但人们一般很少这样称呼。

非营利组织不要随意选取项目点，而是要考虑到当地的需求与组织发展战略。在选点时，经常要追问：为什么选择 A 项目点而非 B 项目点？切忌仅仅根据有好的人脉而确定项目点，因为再好的人脉关系都会发生变化。因此，选择项目点需要综合考量诸多因素。相较而言，立足于当地社会的需求与组织的战略发展的项目会发展更为稳健，其次才会考虑便捷的进入路径。此外，项目点的大小及项目点内项目（子项目）数量的多寡，应取决于当地需求的多少以及组织回应能力的大小。

三　非营利组织项目管理及其周期

非营利组织项目管理，即在秉持非营利理念的前提下，项目团队充

---

① 世界宣明会：《从问责及规划的评估中学习》，2007，第 20 页。

分运用知识、技能、工具，为实现项目目标所开展的一系列协调、组织
和实施的活动。

与众多企业项目管理教材大致相同的是，非营利组织项目管理通过
以下通用的周期管理得以实现，即前期评估、项目设计、监测实施、终
期评估、收尾（反思过渡及项目延续）五个环节。"通用"的意思是，
对于所有的项目群、项目、子项目来说，这五个环节必不可少。

在实践中，有的非营利组织对这五个环节略有细化。例如，宣明会
的 LEAP 将项目周期分为了六个环节：前期评估、设计、监测、后期评
估、反思与过渡等（见图 1 - 2）。而香港乐施会的项目周期则由"项目
存续期的所有互动过程构成，包括发现、需求评估、设计、评审、实
施、评估与学习以及结束"（见图 1 - 3）；"项目周期包含项目的各个阶
段，有些阶段可能同时进行，也有可能返回较前的阶段后才继续向前发
展，也会因特定原因作出终止项目的决定。在项目周期的各个阶段，乐
施会和合作伙伴都有明确的角色和责任"。①

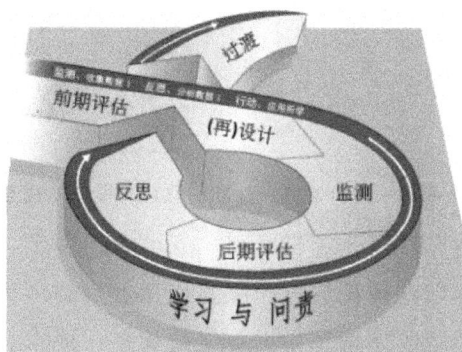

LEAP的6个项目阶段

图 1 - 2　LEAP 的项目周期划分

这些环节环环相扣：通过前期评估锁定问题，在问题的基础上设计
并实施项目，通过评估控制项目风险、瞄准可交付成果，最后再通过反

---

① 《香港乐施会项目手册》（中国内地项目适用），2014 年 9 月第 6 版。

思过渡延长项目效果，或以结果为导向开展新的项目，从而在逻辑上形成首尾呼应的闭合系统。当然，在每个环节中，项目都会遇到来自具体社会文化环境以及组织本身人力物力的制约和影响。只有认真贯彻项目周期管理，方能在最大程度上规避风险，与组织战略保持一致，并最终达成目标。

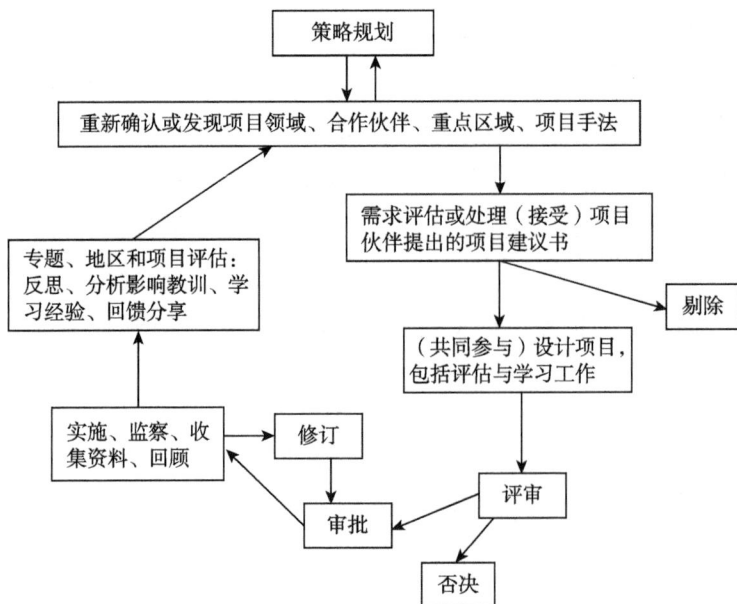

图1-3 香港乐施会评审、批准、监察和评估的相互关系图

本书的基本框架即围绕这五个项目周期管理的环节分别展开。不同于一般的项目管理著述架构，本书将风险管理、成本、绩效等重要内容融入整个非营利组织项目管理周期之中展开叙述。

四　不同组织结构类型中的项目团队

为了实施有效的非营利组织项目管理，组建胜任的项目团队必不可少。项目团队可以是组织内较为固定的部门，也可以横跨组织内部成立随着项目周期完成而解散的临时机构。前者可以称为职能式或项目型团队，后者可以称为矩阵式团队。这就涉及组织结构类型的问题。

根据美国项目管理协会[①]以及哈罗德·科兹纳[②]的研究，可以总结出不同组织结构类型中的项目负责人及其团队的角色、项目负责人的职权水平以及对资源的掌控程度（参见表1-3）。

表1-3　不同组织结构类型中的项目负责人及团队特点

	职能式	矩阵式	项目型
项目负责人的职权	很小或没有	较大	很大
项目预算控制者	上级职能部门	较大	很大
项目负责人角色	兼职	混合	全职
项目团队人员	兼职	混合	全职

具体来说，职能式组织结构是一种自上而下的科层制。项目负责人系组织内部人员兼任，负责项目的组织实施，他们听命于上级职能部门。项目团队工作人员分散在组织的各部门。在这种组织结构中，会因权利分配问题而影响到项目的实施及效果。该项目团队的设置在官方背景较强的非营利组织或小型非营利组织中比较常见。

项目型组织往往单设独立项目部门，项目负责人有很大的权限对资金、人员、议程等进行设置。这种组织结构中，项目团队工作状态较稳定，项目负责人需要处理的矛盾也小，每个团队的工作任务聚焦，团队成员对公益产品的忠诚度较高。但设置这样的项目部门成本较高，技术支持难度较大，不同项目之间的交流和整合也较为困难。很多大型非营利组织的创新型项目多采取此种方式。

矩阵式组织试图结合前两种组织结构的优点，其结构居于职能式和项目型之间：项目负责人获得部分权限，项目团队成员由全职和兼职混合组成。这在较大程度上解决了组织横向交流合作与纵向管理的问题，冲突较小，时间、成本和任务的协调较好。按照美国项目管理协会的划

---

① 〔美〕美国项目管理协会：《项目管理知识体系指南》（第5版），电子工业出版社，2014（2005），第21~26页。

② 〔美〕哈罗德·科兹纳：《项目管理：计划、进度和控制的系统方法》（第11版），杨爱华、王丽珍、洪宇、李梦婷译，电子工业出版社，2014，第94~113页。

分，矩阵式还可以分为偏职能式的弱矩阵式、偏项目型的强矩阵式以及居中的平衡矩阵式①。但矩阵式管理中易出现双重领导、监督与控制难度加大等挑战。目前，采取矩阵式结构的组织较多。中国扶贫基金会就可以归入强矩阵式管理。

上述三种类型的组织项目管理方式并无优劣之分，而是组织根据自身特点、项目需要以及外部环境所做出的理性选择。但对项目负责人来说，清楚每种组织结构类型中项目管理的挑战并采取积极措施是非常有必要的。

一般而言，和项目群、项目相比，子项目团队的流动性更强。不论在哪种类型的项目中，对项目团队负责人的知识、协调和行动能力要求都很高。负责人不仅要带领团队实现项目目标，还要尽量满足团队成员的人性化需求，当然，负责人还有自我价值实现的需要。

五 非营利组织项目管理的原则

非营利组织项目管理需要遵循以下原则：

（1）双重属性原则。即非营利组织项目管理中，需要同时贯穿并平衡发展的原则和管理的原则②。按照安东尼·哈尔和詹姆斯·梅志里的术语界定，发展指向三个层面的内容，即"经济、社会、政治的变化引起生活水平、社会福利及政治参与水平提高的过程"③。发展的原则，是为了践行公益和以人为本的理念，在此基础上最大限度回应目标群体的需求，进而实现非营利组织可持续发展以及多元问责的内在规定性。这一属性将非营利组织项目管理与企业项目管理区分开来：讲发展，应当以人或社区的可持续发展为依归；而企业项目管理更强调效率。二者都讲产出，但非营利组织项目管理的产出更加包容，例如，受

① 〔美〕美国项目管理协会：《项目管理知识体系指南》（第5版），电子工业出版社，2014（2005），第22～25页。
② 王超、丁艳：《战略规划——一个项目团队学习历程》，商务印书馆，2009，第49～51页。
③ 安东尼·哈尔、詹姆斯·梅志里：《发展型社会政策》，罗敏、范酉庆译，社会科学文献出版社，2006，"术语表"。

益人的发展、资金的投入产出等。有的产出内容甚至难以用数字测量；而企业项目管理的产出中，经济效益是首要的。在非营利组织项目管理中，"两个原则不一定能互相配合。有时候你可能要牺牲某些管理原则来达成发展原则。比如，为了达成社区发展的目的，有些项目可能需要牺牲效率"。[①]

第二次世界大战以来，发展领域形成了许多一般性原则，例如，参与、赋权、教育、儿童、性别、赈灾救助行动通用最低标准、环境保护、冲突缓解等，非营利组织开展项目时应充分参考并尊重发展工作的基本理念。在很多国际非营利组织中，参与、公共教育[②]、性别、减防灾、残障、环保等通常作为项目设计的横切焦点，贯穿至项目（子项目）的整个周期。

世界宣明会六个策略性横切焦点[③]

在宣明会的组织策略中，有六个横切焦点被定为是对所有项目和子项目都是重要的。这些焦点代表了组织的价值观和优先次序，而社区是不一定要完全同意的。这六个焦点是：

1. 性别。如果不能明确承认每项政策、项目和子项目都对女性和男性带来不同程度的影响，可持续发展便无法实践和成功。性别这个横切焦点，要求项目在勾画发展议程时，需考虑妇女的想法、利益和需要，与男性的一样，项目策略也要帮助妇女和男性、女孩和男孩建立更加平等的关系。

2. 环境。要解决贫穷问题，必须有效地使用环境资源，不能牺牲重要生态系统的可持续性，有需要时更要尽力恢复生态系统健康和生物多样性。意思是要在短期社会和经济发展需要及长期的保护自然环境中作出平衡。所有项目都包括一个环境影响评估。如果发现项目对环境有损，便需实施活动把影响减至最低，并解释

---

① 王超、丁艳：《战略规划——一个项目团队学习历程》，商务印书馆，2009，第49页。
② 这里的教育并非局限于正式的学校教育，更是指广泛的学习—改变过程。
③ 世界宣明会：《从问责及规划的评估中学习》，2007，第28～29页。

风险。

气候变化也会引致更多的贫穷问题，使弱势恶化。穷人由于气候转变的应变能力有限，面对的风险更大。我们要了解气候变化在当地带来的风险，尝试引入一些措施，以提高居民对气候的适应力，并在当地和全国与其他力量共同面对和管理气候转变的风险。

3. 保护。保护是要尊重人的基本权利，保护他们的人身安全、尊严和身心健全。当危及这些权利时，应该施加保护，尤其是帮助穷人及受压迫人等无法抵抗不公义和暴力的人。世界宣明会的保护人民框架，详尽说明机构在这方面的承诺。

4. 和平建立及冲突缓解。和平建立是指在社会冲突中，要修复受损关系的一个过程，同时要防止冲突继续上升。和平建立是世界宣明会的核心项目之一，因为社会冲突可以引致复杂的紧急状态并阻碍转化性发展的可持续性。世界宣明会支持逐步重建及修复人际关系网络，建立公平的系统和结构的可持续性发展过程。

既然认识到社区的情况，宣明会项目便需要以跨领域方式考虑冲突的敏感性。项目要处理关系破裂的根本原因，检视冲突的经济、政治和文化结构，务求带来长期的改变和关系修复。

5. 残疾。世界宣明会的核心价值是肯定所有人的价值，不存在歧视，并以行动表示对个人尊严、独特性和内在价值的尊重。歧视往往把残疾人士排斥于发展之外：82%的残疾人活在贫穷之中（Raijmaker，2005），98%的残疾儿童没有接受教育（UNESCO 联合国教科文组织网站）。世界宣明会承诺在社区和发展中有意识地让残疾人有充分平等的参与。这在项目周期管理过程中需要反映出来。

6. 整合式焦点。宣明会全球伙伴策略的整合式焦点是：儿童为本及社区为本。这是我们机构用来检视一切工作的理念。订定中国办策略的过程中要考虑儿童为本及社区为本，并要融入全国项目设计的具体框架中。

简言之，性别要素不仅体现在评估团队成员的性别构成上，还表现在调查、分析以及开展项目时突出不同性别的目标人群的需求；参与原则是指目标人群以及利益相关者参与整个前期评估过程，并在未来的行动中构成重要角色。这是未来项目可持续性的始基①。项目改变的不仅仅是目标人群本身，如果其周围的人和环境无法从项目中受到教育，那么问题就不能从根本上得以解决。残障人士在扶贫、环保、助学等各类项目中都应当给予重视。此外，在一个高风险的社会，项目评估中应当顾及各种造成风险的因素。

（2）坚持人类基本共识与社会文化多样性的辩证统一原则。《经济、社会及文化权利国际公约》《消除对妇女一切形式歧视公约》《残疾人权利公约》《公民权利及政治权利国际公约》《儿童权利公约》《国际红十字会、红新月会及非政府组织赈灾救助行动准则》《消除一切形式种族歧视国际公约》《制定最低工资确定办法公约》等代表着人类基本共识，也是非营利组织开展项目所需遵循的基本原则。同时，非营利组织经常在跨文化语境中，例如，在不同民族、族群、国家中开展项目，因此，还应当尊重不同项目点民众社会文化多样性传统。

（3）遵守项目点所在国或地区法律政策原则。

（4）符合自身机构宗旨、使命和组织内部指引原则。只有在项目管理中坚持组织宗旨使命，才能在最大程度上通过特有的标识以证明机构存在的必要性和独特个性。

（5）组织生存及创新兼顾原则。项目对非营利组织来说，兼有组织生存和组织创新之功能。因此，在维持组织生存之同时，须尽力创新，否则支持来源不断减少或组织的社会合法性不断降低，会进一步形成恶性循环，危及组织生存。

（6）诚信。诚信原则是非营利组织项目的底线。如果触及这一底

---

① 具体可参见〔英〕路易莎·戈斯林、迈克尔·爱德华兹《发展工作手册：规划、督导、评估和影响分析实用指南》的第二章"鼓励相关人员的参与"，社会科学文献出版社，2003；国际关怀组织、天主教救济会、国际营救组织、国际美慈组织、英国乐施会、救助儿童会和世界宣明会等合作完成的应急能力建设项目成果：《应急响应中的影响评估与问责：足够好原则》第1章"让人群参与所有项目阶段"，2007。

线，如伪造项目档案资料或虚夸项目成果等，将对组织发展构成致命威胁。

第三节　非营利组织为什么要重视项目管理

前文简单提及，项目对于非营利组织来说有生存和创新两方面的功能。具体说来，项目管理对于非营利组织存在以下必要性：

（1）非营利组织面临着复杂的社会环境，面临的风险越来越多，规范的项目管理能确保组织高效运转，规避各环节潜在的风险，减少不必要的纠纷，进而保持良好的组织声誉。

（2）项目化生存。非营利组织存在的一个重要理由就是通过诸多项目化运作提供服务。目前，不论公众筹款、政府购买服务、基金会招投标还是企业资助，非营利组织越来越依靠出色的项目管理赢得捐赠和合同。因此，良好的项目管理对非营利组织的生存非常重要。

（3）规范的项目管理是以丰硕产出服务弱势群体的重要保障。

（4）创新的需求。有新意的项目可以帮助非营利组织通过创新寻找正确的解决社会问题之道，从而提升组织核心竞争力。

（5）多元问责的需要。除了日常工作流程的公开透明，非营利组织还需要通过项目管理回应政府的合规性审查，向捐赠人交代资金使用的有效性，通过服务的有效性向公众交代并激励潜在的支持者。

（6）随着非营利部门的不断壮大，其服务对象的需求不断细分，捐赠人市场也在不断细分，组织之间的竞争日益激烈。设计和实施优秀的项目是组织立于不败之地的重要手段。

第四节　什么是成功的非营利组织
项目管理

1. 衡量非营利组织项目成功的决定因素

界定非营利组织项目的成功标准并非易事。但一般而言，项目成功至少取决于以下五个因素。尽管非营利组织之间差异颇大，但我们建议以下五个因素最好同时满足：

（1）服务对象及其他利益相关者的满意程度、服务对象的参与度以及服务对象能力的提升程度较为明显。非营利组织项目管理应当以利益相关者，尤其是服务对象的满意为依归。服务对象能力的提升决定着项目的可持续影响，而服务对象的较高参与度是其能力得以提升的根本前提。

（2）非营利组织以及项目团队的能力得到提升。这些能力对于项目的成功实施至关重要，具体包括：战略规划的能力、项目设计及执行能力、赋权和助人自助的能力、风险控制及应变能力、模式推广能力、反思能力、倡导能力等。

（3）有效的产出。有效产出是衡量非营利组织服务供给能力及项目成功与否的重要指标。这里的有效产出应当是一个动态意涵，即除了包括一般我们常说的项目结果，还包括有效率的项目过程及持久的项目影响力。

（4）良好的成本控制与财务管理。非营利组织项目管理应当大致符合预算，成本控制较好。毕竟，项目所能利用的资源极为有限。此外，规范的财务管理也不可或缺。

（5）与目标人群需要得到有效回应所匹配的时间进度控制。这里有两层含义：其一，项目周期之长短应当尽量与需求匹配。例如，在灾后重建阶段，非营利组织应当根据需求、组织使命以及资源来设计项目周期，而非一味跟着政府的灾后重建规划的节拍走；其二，非营利组织项目的周期有长有短。即使项目周期再长，阶段性目标和计划也应当在一定时限内完成。

2. 非营利组织项目管理的几个误区

目前，一些国内非营利组织在项目管理认识方面容易出现如下偏差。

（1）"项目就是由一些活动组成，而且活动越多越好、越热闹越好"。这种现象在很多初涉公益领域的组织中较为常见。从本意上来看，举办很多活动是件好事。但项目并非简单罗列活动，而是有效果的、能给目标群体带来良好改变的有意识的行动的总和。因此，需要注意各个具体活动之间的逻辑关系及开展的先后顺序，从而保证每个活动围绕项目目标形成有机整体。此外，并非活动越多越好，而是要挑选那些具有牵一发而动全身性质的重要活动，并考虑与项目资金的匹配。下面来看两个高校学生团队设计的项目：

项目案例一

"绿色环保知识进某小学校园"项目共包含三个主题活动和一个分享联谊活动：

● "舌尖上的环保"之美食走访。组织 60～70 人次小学生进入社区寻访美食，增加其对健康安全饮食、节约粮食的认识。动员小学生用相机记录走访过程中所遇到的关于环保的现象，向游客和商贩宣传食品安全知识和节约粮食等环保知识，同时应当对走访中所看到的各种破坏环境行为进行劝导。

● "寻找未来环保旅伴"。组织 30～40 人次的小学生去省科技馆观看垃圾处理机器人和扫地机器人，展望祖国的科技日新月异，学习相关的科技、环保等方面的知识，通过寓教于乐强化小学生对环保的兴趣，增强其环保意识。

● "环保社区"之文化沙龙。通过社区沙龙的开展，让 80～100 人次的小学生感受到社区的发展，并对食品安全、粮食浪费以及环境保护问题等有较深刻的认识，达到绿色和平社区建设的目标。此活动可使社区居民对环保、社区生态文化建设等方面有更深入的认识。

● "小小志愿者说"之环保分享活动。预计使 20～30 人次的小学生发表个人对环保知识以及健康安全美食的认识以及感悟，通过分享促进小学生志愿者进行交流，提升各自环保素质，深化项目活动意义。

项目案例二

"七彩少年"活动是通过提高流动儿童自身综合素质、促进其身心健康发展，从而顺利融入城市社区的公益项目。在某社区内，具体活动如下：

- 红——红色卡片"让爱传出去"旨在鼓励流动儿童主动与人交流，培养其开朗大方的性格，从而更好地适应新环境、新生活。

- 橙——"向前走"趣味运动会旨在提高儿童身体素质，以及团体合作意识和集体荣誉感。

- 黄——"我很快乐"微笑进行时旨在鼓励儿童以乐观积极的态度面对生活，让他们更加勇敢、大度。

- 绿——"创造晴天"做一名绿色小卫士旨在培养儿童的环保意识，增强社区绿化责任感。

- 青——"生如夏花"当地大学校园行旨在让儿童感受大学校园文化氛围，激励他们努力学习奋发图强。

- 蓝——"仰望星空"百科知识竞答旨在扩大儿童知识面，让他们了解更多的传统文化和生活常识，培养综合人才。

- 紫——"任我行"T台秀旨在鼓励儿童在众人面前展示自我，增强自信心。

- 虹——"最初的梦想"少年梦想秀旨在鼓励儿童为了梦想坚持不懈。

上述两个项目均有一定新意，项目设计者总想多做事，这都是值得肯定之处。不足主要在于：项目活动眉毛胡子一把抓，重点和活动之间的递进顺序不突出，也没有充分考虑到活动之间的逻辑关联。

此外，活动和项目的区别还在于其是否带有明显的、较深层次的公益性延续指向。例如，一些志愿服务类非营利组织经常为残障人士开展包饺子、擦洗厨房、拆洗被褥、陪同聊天等短期活动。准确地说，这只能称作志愿行为或公益活动。如果围绕支持残障人士成立互助小组或激发其助人自助能力的一系列活动就可以设计为项目。换言之，项目可以还原为活动，但只有那些有着逻辑关联以及共同公益目标和组织目标指向的活动才能够组成项目。

（2）"不管获得资助的项目与组织宗旨是否吻合，只要给钱就要，反正对组织来说都是好事。说不定新项目还能拓展组织新的生长点呢"。例如，某环保组织在做环保项目时，突然得到一笔资助去从事儿童项目；某从事外来人口城市社区融入的组织，偶然间找到一个农村社区发展的项目。我们如何看待这种现象？一个非营利组织拓展新的领域和业务无可厚非，但要审时度势，并得到理事会或会员大会的组织转型支持。否则，纯粹为了获得一笔与组织宗旨关系不大的资助而贸然行事是有较大风险的。正如彼得·德鲁克所告诫的那样：非营利组织使命并非一锅良好愿望的大杂烩。要增加新的任务，就得放下原先的任务，毕竟非营利组织只能做有限的事情。①

（3）"获得的善款越多越好"。我们经常可以看到这种现象：一个每年获得 100 万元项目资金的非营利组织运作良好。然而，在突然获得上千万元的资助后，该组织却很快陷入重重矛盾之中。之所以出现这种情况，是由于多重原因：现有员工不够而招募新员工，后者接受新的组织文化需要假以时日，因此很难一下子上手；组织旧有的流程惯性与新的资源需要一段较长的磨合期，否则会因突然变化而很难适应；上千万资金往往是一锤子买卖，新招募员工不久后再裁员，会导致组织元气大伤。不招新员工，大额资金又无能力消化，因此面临的两难会使组织进退维谷；筹集资金者认为自己功劳大而按自己意旨行事，从而容易在组织内部产生裂痕；等等。因此，获得的项目资助并非越多越好。对此，非营利组织一定要做好充分的评估和权衡，使资金与组织能力相匹配。

（4）"这个项目很有意义，无论如何也要申请到手"。勇于创新是组织不断前行的动力，但在有些创新试点项目中，有的组织不顾自身条件而跻身其中，为创新而创新，只为自己胸前多一枚纪念章。如此一来，组织运作项目的动力来自象征驱动，不仅面临打破组织工作常规以

---

① 〔美〕彼得·德鲁克：《非营利组织的管理》，吴振阳等译，机械工业出版社，2007，第 5 页。

及人力投入不足的风险，也很容易偏离非营利组织的宗旨、价值和理念。

（5）"组织发展的目标就是不断申请项目"。需要强调的是，项目是为组织发展服务，而非相反。此外，唯组织需求而非社会需求的项目取向也会妨碍组织的良性发展。项目不能脱离目标人群，人的发展始终是非营利组织的最高宗旨。

（6）"评价一个优秀的项目的标准就是好的创意"。其实，对项目而言，好的创意仅仅意味着好的开端。推陈出新固然很好，但创意也不能脱离组织的整个发展战略。而且，创意一定要付诸实施。如果无法将创意分解为一系列可以操作的行动指标，不注意风险防控，不强调项目团队的执行力，那么，再好的创意也会付之东流。

（7）"这个项目领导说了算"。现实中不乏这样"长官/家长意识干扰"的案例，其结果是数以百万元、千万元规模计的项目以失败告终。随着外部环境日益复杂，对项目管理要求越来越高，仅仅依靠自上而下的命令，而不经过科学论证和设计的路子越来越难以为继。

不论非营利组织项目资金来自财政拨款或购买、组织自有资金、基金会招投标、企业筹资还是公众募款，也不论哪种类型的组织，项目管理确实存在一些差异，但只有遵循非营利组织项目管理的一般规律方为捷径。更多的非营利组织项目管理中容易出现的偏差，将在下面的章节予以详述。

| 第二章 |

前期评估

前期评估是非营利组织项目周期的逻辑起点，占有极其重要的位置。在正式阐述前期评估之前，有必要简单回答什么是评估。此外，交代一下问题意识的产生方式，也有助于我们从项目的整体性角度深入理解前期评估。

第一节　评估简介及开展前期评估之前的问题发现

笔者以为，评估是指通过多种专业化和技术性的工具和方法以及评估者的经验对项目、政府绩效、某项活动进行透彻了解，将好的经验和做法予以确认、呈现、推行，并在发现问题的基础上提出解决方案的一系列评价活动的总和。评估需要借助专业性和技术性很强的方法、工具，但同时也或多或少涉及评估者的主观认知。因此，我们还可以这样认识评估：评估是技术与方法，也是艺术，还是过程以及项目成效与价值的呈现方式（文本、影像、图片等）。

对某个工程、某件事、某个人、某个部门或某项活动的评价古已有之，但专业意义上的评估却是现代社会的产物。系统的评估始于20世纪30年代，主要涉及对扫盲、职业培训、流行病防治等的评价。第二次世界大战之后，在政府投入大量人力物力解决日益复杂的社会问题的同时，如何衡量效果成为亟须解决的问题。在美国肯尼迪和约翰逊时代的"反贫困战争和美好生活运动"中就曾采取"成本—效益"的评估方法。20世纪60年代后，美国的评估成为一个不断成长的产业。20世纪 80 年代，评估跃升至该国社会科学最有活力的前沿领域，被广泛用于社会政策和公共行政的效率、成本、效果等诸多方面的评价，并成为政府官员和管理人员知识结构的有机组成部分。[①]

另一个评估产生并不断专业化发展的关键前提是，包括社会学、人类学以及社会工作在内的社会科学的研究方法已基本成熟，这为评估提供了至为重要的方法支撑。

小贴士

早在 19 世纪，就有较为成熟的社会调查。例如，英国的布思曾对伦敦居民进行过大规模调查。1897 年，法国社会学家涂尔干出版了《自杀论》一书。孔德实证主义思想在该书中第一次得到完美体现。该书还是理论与经验结合的首次范例，促进了社会研究从单变量的描述性的研究转向多变量的解释性的研究。此后，又经过统计学家皮尔逊、菲舍尔以及著名社会学家斯托弗、拉扎斯菲尔德等大力推动，社会学在定量研究方面日臻成熟。此外，社会学在定性研究方面也有不俗表现，如芝加哥学派等。[②]

20 世纪 20 年代初，人类学家马林诺夫斯基奠定了人类学田野调查及民族志等研究方法。人类学在定性研究，尤其在深度访谈和参与观察方面有独到之处。人类学方法对农村快速评估以及参与式农村评估方法产生了极大影响。

1922 年，玛丽·芮奇蒙（M. Richmond）开创性地提出了个案社会工作研究方法及工作过程。1923 年，查德希（Mildred Chadsey）在美国开始讲授小组工作课程。1927 年，这种以团体工作为案主服务的方式正式被定名为"小组工作"。1936 年，社会小组工作研究协会成立。1946 年"全美社会工作会议"上，小组社会工作被与会代表正式接受为社会工作的方法之一。1962 年，社区社会工作在美国也成为社工专业的基本方法之一。[③]

---

① 陈锦棠等：《香港社会服务评估与审核》，北京大学出版社，2008，第 4 页。
② 袁方主编《社会研究方法教程》，北京大学出版社，2004。
③ 王思斌主编《社会工作概论》（第二版），高等教育出版社，2007。

根据不同的划分标准，评估至少可以分为以下类型：组织评估（内部治理、财务、人力资源、战略等）和项目评估（项目效果和产出、影响力、满意度等）；过程评估和结果评估；前评估、中期评估和后评估；内部评估和外部专家评估；独立评估和合作性评估等。此外，欧文和罗杰斯还将项目评估分为五类：前摄性评估（Proactive Evaluation），适用于筹划之中的新项目或启动不久的项目；澄清性评估（Clarificative Evaluation）、互动性评估（Interactive Evaluation）以及监测性评估（Monitoring Evaluation）适用于发展过程中的项目，影响性评估（Impact Evaluation）或成果评估（Outcome Evaluation），多用于已经完成的项目[1]。在本书中，上述类型或放在前期评估中，或放在终期评估部分，或贯穿于这两部分内容之中。

回到本章主题。前期评估是非营利组织正式启动项目前的第一个重要环节。不论平时开展项目还是参与突发自然灾害，不论前期评估复杂还是简单，这一环节必不可少。在进入正题前，还有一个问题需要解决，即我们前期评估的问题及对象是什么？

一般而言，非营利组织开展项目前，都有不同的问题意识和潜在的项目点。前期评估正是为了通过专业化手段锁定问题。这一点恰如论文写作，在提出问题之后，紧接着需要通过文献综述清晰界定我们的问题是真问题还是假问题，是大问题还是小问题，以及前人研究的得失和我们拟解决问题的独特视角。

首先，非营利组织可以根据组织机构的战略布局有意识地寻找潜在的项目点、项目人群或拟资助的候选组织（一般包括公益伙伴甚至政府组织），再通过政府部门、他组织或者熟悉的个人的介绍，逐渐接近潜在的项目点、项目人群或候选组织开展前期评估。其次，非营利组织可以通过被动的方式，例如在政府购买服务或基金会招投标过程中中标，或在接受政府项目委托或捐赠人指定之后，进入指定的项目点、项

---

[1] Owen, J. M. & Rogers P. J., 1999, *Program Evaluation: Forms and Approaches*, London: Sage Publications。转引自陈锦棠等著《香港社会服务评估与审核》，北京大学出版社，2008，第17~26页。

目区域或对潜在的项目人群进行前期评估。再次，非营利组织还可以通过响应突发自然灾害的方式寻求进入，并开展前期评估。但不论哪种情况，问题意识才是非营利组织开展项目的逻辑起点。

一般说来，非营利组织进行前期评估的地点、人群成为项目点或项目人群的可能性较大，这在很大程度上是基于前期评估之前的问题判断。

第二节　什么是前期评估

前期评估是项目实施方使用多种专业性、技术性评估工具对潜在的项目点、项目人群、合作伙伴以及相关政策环境实施调查，并对进一步开展项目的必要性、可行性以及风险环境所进行的分析、判断和评价活动。如 LEAP 所言，前期评估是一个学习的过程，其重心在于对问题的分析与把握（见图 2-1）。

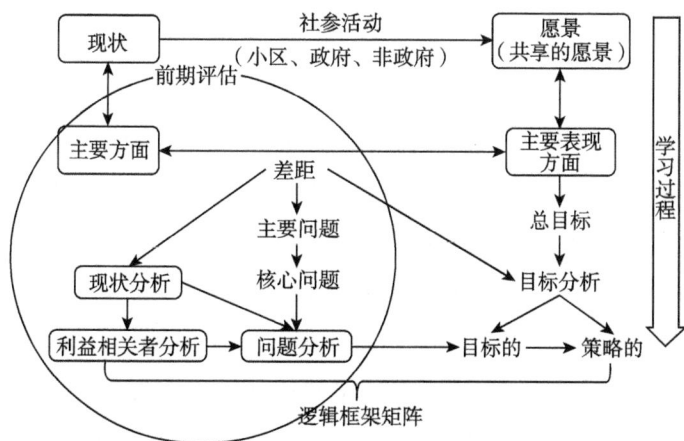

图 2-1　LEAP 的前期评估流程

前期评估与中期评估、终期评估有同也有异。相同之处在于：①都是带有某种评价性质的活动。②三者中某些评估方法和工具是一样的。例如，问卷调查、焦点小组等。不同之处也很明显：①目的不同。前期评估是为了证明项目的必要性、可行性及风险环境，以便为接下来的项目设计做准备；中期评估是为了检查前期项目实施的效果，查找存在的问题，以使后期项目能顺利实现项目目标；终期评估是为了总结整个项目得失，向捐赠人以及利益相关者作多元交代、引导和激励捐赠，并为下一步项目经验的推广、倡导和转化做准备。②三种评估中有些指标和工具、方法的运用不同。例如，效果评价在终期评估中非常重要，但前期评估并不涉及。③评估的重心不同。前期评估的重心是潜在项目点或项目人群的真实需求、支持系统，然后判断其与组织战略、使命的契合程度，并从中得出未来项目可行性和必要性的初步结论；中期评估的重点是看项目执行过程中面临的问题，兼及目标人群的满意度；终期评估则是从项目执行、项目产出、项目转化等全方位对项目进行的分析和评价。

不同类型的项目针对的问题有所差别，据此可将项目分为四个类型，各类型项目前期评估的内容也不同。

其一，针对社区发展项目的前期评估，其内容包括但不限于以下方面：

（1）了解潜在项目点基本情况。需要根据农村社区、城市社区、城中村社区等不同类型，收集包括潜在项目点所在的行政区划及历史沿革、自然环境、土地、民族、宗教、民俗、人口结构、性别结构、受教育水平、弱势群体状况（残疾人、妇女、感染者、老人、留守儿童/妇女等）、社区资源、社区骨干、市场等信息。

（2）项目点的文化与社会。前期评估不能仅限于一般社会现象的收集，还要尽大可能从抽象层面了解当地的文化和社会结构。例如，如果了解了藏族特有的信仰体系、家庭与寺院关系，我们就会对当地发展种植业抱有警惕，因为他们很可能不会为了获取商业利益而大力发展经济作物，毕竟种植作物需要翻地、打药等日常作业，而这些活动与其不杀生传统相悖。此外，在一般人眼里，牦牛可以作为商品出售或进行肉制品加工，但在藏族文化象征体系中，牦牛并不等于一般的商品。还有，生计发展项目是加快藏族民众致富的重要途径，但必须考虑到当地民族对财富的认知。当地权力结构、宗教派系、宗族等因素与未来的项目也有着密不可分的关系。因此，对当地文化及社会了解越充分，项目设计的准确性越高。

（3）潜在风险。前期评估中，应对风险环境予以充分重视。潜在的风险至少包括以下五个方面：①自然环境风险。社区是否自然灾害频发，自然禀赋如何，交通状况怎样等。②社会风险。社区治安是否糟糕，是否面临大规模武装冲突，公共卫生事业是否落后，社区内是否有帮派冲突，干群关系是否紧张，村委会和村党支部关系如何，社区是否排外，等等。③文化风险。社区民众是否有不良消费习惯；对某些弱势群体，如艾滋病感染者、麻风病患者等，是否有很强的歧视和排斥观念等。④政策风险。在这里开展项目是否违背当地的政策，甚至乡规民约等等。⑤组织风险。例如，组织有能力回应社区需求吗？若准备在社区开展项目，持续筹款面临的挑战是什么？来自资助人的压力又是什么？

（4）机会。前期评估应当从各个角度寻找和组织策略、使命相契合的机会，包括自然条件、淳朴的民众、和谐的社区氛围、潜在的支持力量、社区变革的潜在动力、当地政府的支持等。

（5）政策环境的评价。政策环境以及政府部门的态度对未来项目的成败影响很大。不同类型的非营利组织关注的政策环境有所不同。小额信贷机构、环保组织、艾滋病防治组织、养老机构等，需要对与组织自身紧密相关的政策以及未来变化情况进行全面预评。对于在快速转型的中国社会中开展工作的非营利组织来说，开展这项工作是非常重要的。

（6）潜在的项目利益相关者对社区脆弱性及社区问题成因的认知。了解这一点，不仅对未来开展项目很重要，对深入了解潜在的利益相关者的立场并引导其思考也不无裨益。

（7）潜在伙伴的评估。政府、群团组织、学校、本土组织、媒体等的能力及态度，是否有其他非营利组织在这一地区或附近开展相同或类似的项目？

（8）结果甄别后，对符合非营利组织发展策略及使命的社区社会问题进行排序，然后对拟回应的具体问题进行大致的成本核算与项目周期估算。

中国扶贫基金会玉树地震灾后重建基线评估案例

青海省玉树地震后，笔者参与了中国扶贫基金会玉树地震灾后重建基线评估。我们首先意识到，若开展灾后重建项目，至少面临以下风险：（1）自然条件严酷。灾区位于青藏高原北端三江源地区，平均海拔4000米以上，高寒缺氧，昼夜温差大，无霜期短，每年有效施工时间只有5个月，给施工带来极大困难。（2）生态环境脆弱。大多数区域属于极为脆弱的高寒草甸生态系统，植被生长期短，水土易流失，对外部影响的抗逆性弱，受到破坏极难恢复。（3）交通设施落后。灾区地域广阔，公路路网密度低、路况差、保通难度大，主要运输通道仅有国道214线和省道308线，运距长、成本高。（4）施工条件较差。城镇地形狭窄，施工作业面小，大规模施工组织协调难度大，后勤保障能力弱。（5）建筑资源缺乏。当地主要建筑材料基本依靠外部输入，设计、施工、管理等专业人才严重匮乏，适应高原作业的专业建设队伍短缺。（6）经济基础薄弱。灾区以草地畜牧业为主，产业结构单一，地方政府财力十分有限，农牧民收入水平低、贫困面广、自我恢复能力差。（7）少数民族聚居。灾区人口中少数民族比重达到97%以上，其中藏族比重达到93%，玉树藏族自治州区域拥有丰富的民族文化遗存，地域特色鲜明。（8）宗教影响深厚。灾区是藏传佛教众多教派的聚集地，寺院多、僧侣多、信教群众多，宗教影响大。①

我们的评估目包括：了解灾区受损情况，包括灾害分布的地点、人员伤亡、房屋垮塌、灾区特点、藏族村落和移民区的受损情况以及当地建筑成本评估；判断政府及灾民需求；掌握其他民间组

---

① 《玉树地震灾后恢复重建总体规划》，http://news.sohu.com/20100613/n272780836.shtml，2010年6月16日浏览。

织参与抗震救灾情况及其未来期望；确定中国扶贫基金会介入灾后重建的原则、方式。接受中国扶贫基金会的紧急委托之后，评估小组成员在进入灾区之前、实地调查阶段以及离开灾区之后进行了以下几方面的资料搜集工作：地震灾区的地理、社会文化、宗教等相关资料；与玉树地震相关的政府公告及其他资讯；民间组织网站及信息简报；调查期间政府及民间组织提供的相关文字资料。除了在灾情最为严重的结古镇，还对囊谦、杂多、治多、曲麻莱、称多等五个县进行灾后快速评估。围绕灾民需求以及中国扶贫基金会的宗旨、灾后重建的重点方向——产业规划，我们的访谈对象覆盖了政府官员、教师、僧人、农牧民（包括结古镇移民）、企业员工以及民间组织员工（包括志愿者）等六类人群。①

再以中国红十字基金会的博爱卫生院（站）项目援建流程为例。图2-2中的流程看似很复杂、缜密，但项目是以县级红十字会申请而非自下而上的社区需求为起点的。这样一来，就很容易使项目在第三方偏好的影响下偏离了受益人真正的、最迫切的需求。

其二，针对弱势群体的项目评估。相当一部分弱势群体依附于社区这一载体，例如留守儿童、贫困农民等。但有时，也有不附着或对社区依赖程度较低的弱势群体。这些弱势群体可以分布在特定的组织或者场所内，例如学校里有困难的学生与教师、监狱内服刑人员、强制戒毒所人员、医院患者小组、娱乐场所的艾滋病高危人群等。但也可以呈现更加分散、流动的状态，例如失独群体、流浪儿童等。针对这些弱势群体，前期评估的内容包括以下几方面。

（1）了解潜在目标人群的基本情况，包括人数、性别、籍贯、民族、信仰、年龄、受教育水平、健康状况、生活状况、经济状况、特有的生活和交往方式等。

（2）了解潜在目标人群所面临的问题及其成因。

---

① 评估小组（韩俊魁、陶传进、张浩良）：《中国扶贫基金会玉树地震灾后重建基线评估报告》，2010。

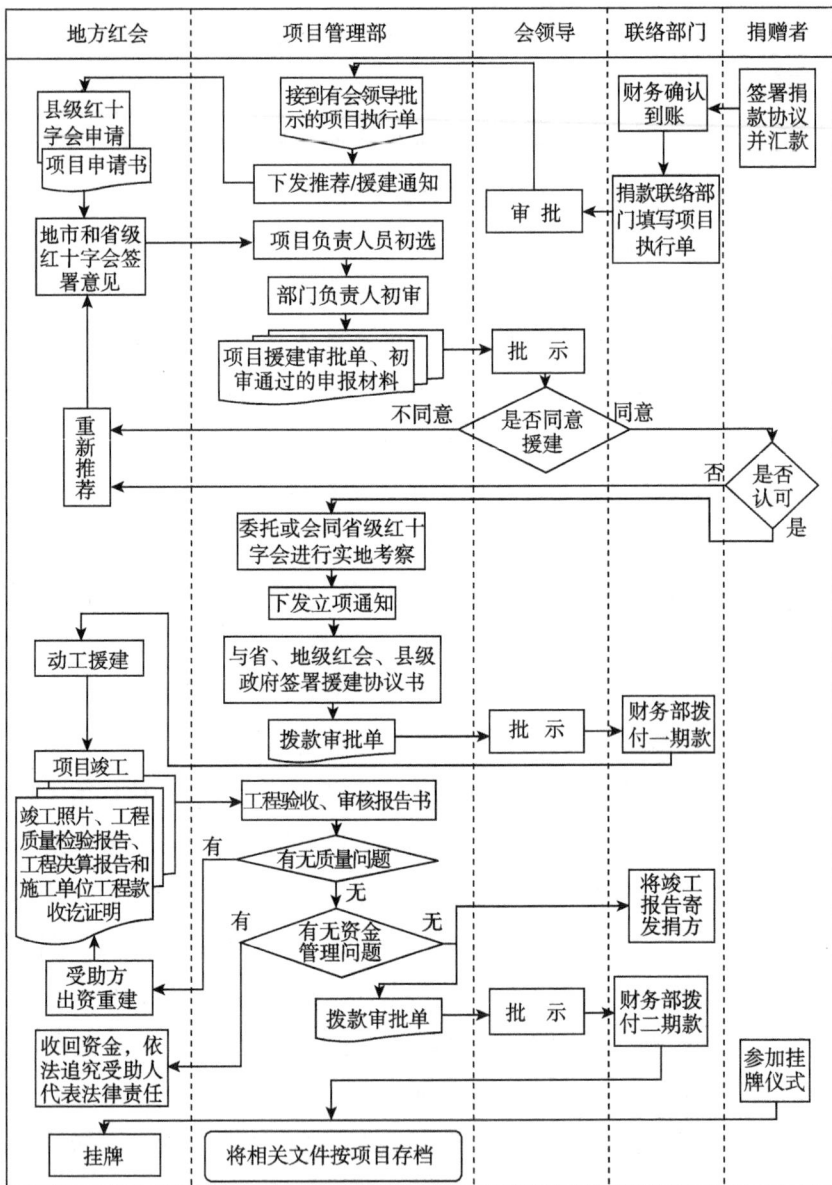

图 2-2 中国红十字基金会的博爱卫生院（站）项目援建流程

（3）勾勒和初步分析目标人群的社会支持系统，包括其家庭、亲戚、友人、同伴、居住地社区、政府、其他组织（如学校、企业、事业单位、公益组织等）、政策环境、社会文化等，并依据每个支持系统的强弱程度进行排序；初步认识风险、机遇及潜在的合作伙伴，并估算大致的成本和项目周期。

其三，针对特定事件开展的前期评估，如突发事件（例如"非典"）、冲突管理①（例如在因环境污染或干群矛盾等引发的冲突中斡旋）、心理危机干预等。

（1）详细了解事件的前因后果，并按重要程度排序。

（2）了解事件所影响的人群的基本状况。

（3）调查和估算事件对环境造成的损害。

（4）对事件的利益相关者进行调查分析。图 2-3 是 LEAP 中关于利益相关者分析矩阵的例子。

不同的优先性		重要性	
		高	低
影响力	高	得到并保持他们的支持、参与至关重要	不是关注重点，但他们的利益不可被忽视，避免其正当利益受侵害
	低	关注重点，需要特别保护其利益（目标群体、项目主体）	不是关注重点，但对他们要稍加注意和检测

图 2-3 LEAP 的利益相关者分析矩阵

（5）在利益相关者提出的问题解决方案基础上，再进行分析，并对解决办法的轻重缓急及其风险予以排序。

其四，资助组织的项目的前期评估。一些大型非营利组织，尤其是基金会常常通过其他非营利组织或政府组织间接向社会提供服务。与前述的三类前期评估有所不同，这类项目的前期评估主要是对符合组织资助方向的组织的行业或生态作全面了解，并对该行业存在的需求和挑战进行分析和排序。潜在的组织的公信力与项目执行能力，如人力资源、财务管理、伙伴资源等，是此类项目前期评估的主要内容。

---

① 有不少非营利组织参与冲突管理的英文文献可以参考。例如 Pamela R. Aall, 1996, *NGOs and Conflict Management*, *Responses to International Conflict Highlights from the Managing Chaos Conference*, United States Institute of Peace, 等等。

在《从问责及规划的评估中学习》中，世界宣明会针对本机构的前期评估给予以下建议：

世界宣明会前期评估指引（纯建议）①

- 世界宣明会与地方伙伴有一定的合作把握时，才进行前期评估。
- 前期评估要以国家情况和国家策略为依归。
- 子项目的前期评估要建基于已完成的项目前期评估。
- 前期评估的方法要因当地环境而作出修改。
- 尽可能使用二手数据。
- 只有在没有二手数据时，才应该收集原始的定量数据。这在决定项目可行性之前尤其重要，因为能避免浪费时间和资源收集可能无关的信息，也避免提高对组织的期望。

上述建议中，体现出该组织极其稳健的一面：把与地方伙伴有一定的合作把握作为开展前期评估的重要前提。如果没有把握而贸然开展前期评估，将加大后期行动的风险。"尽可能使用二手数据"这一建议也很重要，因为搜集二手数据或文献不仅节约时间和资金成本，还能在最大程度上减少和潜在的需求方的直接接触，从而避免因潜在项目点不合适而中止的尴尬，保证组织声誉不会受损。当然，在不接触需求方就无法了解真实情况的前提下，这一建议可以进行转化使用，即只通过少数需求方中的关键知情人了解相关信息，并避免做出任何关于项目的承诺。

第三节　为什么要进行前期评估

非营利组织之所以必须开展前期评估，是因为：

（1）有助于非营利组织锁定问题。前期评估是对非营利组织问题意识的聚焦和再确认。

---

① 世界宣明会：《从问责及规划的评估中学习》，2007，第31页。

（2）通过前期评估判断、甄别将来实施的项目是否符合组织战略和使命。如果符合，则：①全面把握潜在项目点及项目人群的基本情况，为正确实施项目设计奠定基础；②了解利益相关者的角色、资源和需求，确定潜在的合作伙伴；③大致判断时间、成本、对组织潜在的影响，资源的匹配、可行性方案的排序初筛。

（3）从另一个角度看，如果评估结果发现不适合非营利组织继续采取下一步行动，前期评估就成为初步排查的重要依据。这将避免组织贸然实施项目所带来的风险。

（4）前期评估是帮助目标人群重新思考、了解自身面临的问题的过程。在评估过程中，非营利组织往往采用参与式方法调动、激发目标人群对社区或对自身的深入思考，透过其他成功案例或经验改变他们的固有观念，为其进一步行动奠定基础。

（5）充分的前期评估可以向资助方清楚交代开展此项目的充足理由。非营利组织投入的有限资源要用在刀刃上，因此需要通过专业化的前期评估向资助方清楚交代未来实施项目的必要性。

（6）一旦前期评估后决定继续介入，该阶段搜集的数据就构成前测值，成为终期评估的必要参考值。

（7）前期评估不仅能帮助非营利组织与潜在的地方伙伴建立起关系，同时也是催化、引导潜在的合作伙伴思考并寻求问题解决之道的过程。因此，前期评估中，不仅评估报告结果，甚至评估过程中的互动也会给他们未来的行动策略提供某种启示。

（8）作为风险管理的一部分，前期评估的成果可以用来判断未来项目的风险和机遇。

第四节　前期评估的流程及原则

非营利组织前期评估的流程可以分为非紧急状态下项目的前期评估流程，以及紧急状态下的前期评估流程。

一 非紧急状态下项目的前期评估流程

非紧急状态下,非营利组织项目的前期评估流程如图 2-4。

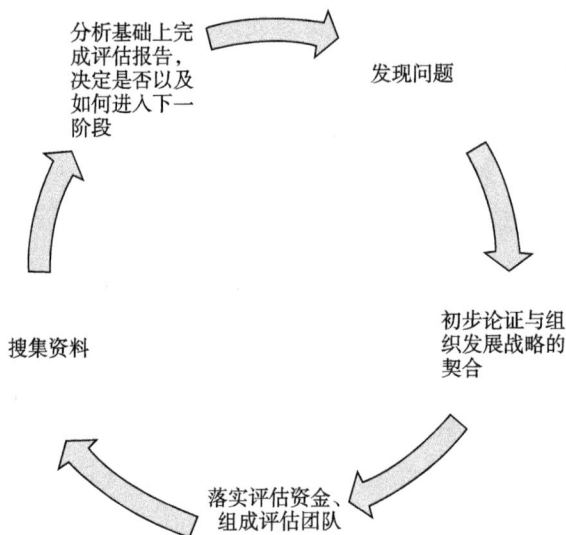

图 2-4 非紧急状态下项目的前期评估流程

我们将该流程图具体解释如下:

(1)通过少数关键知情人发现问题。非营利组织发现需求或问题的方式很多,有通过非正式渠道,例如日常交往、浏览相关新闻、参加会议等方式关注到目标人群的需求;也有通过需求方口头或书面向非营利组织提出帮助的请求,或非营利组织接受资助方委托等方式发现。初步了解利益相关者的权力结构对判断是否开展下一步工作极为重要。

(2)全面审视发现的需求或问题是否与组织发展策略相吻合,初步论证前期评估的必要性和可行性。在了解到需求和特定问题之后,非营利组织可以通过和关键知情人座谈、访谈或开展文献研究等较低成本的方法对潜在项目点或目标人群进行初步研究和分析。然后,再讨论围绕需求及问题将要开展的项目是否符合组织的发展战略。若一致,则启动前期评估;若不一致,就不应开展前期评估。例如:

中国办策略描述了宣明会在全国的参与情况，包括社区正面对什么是贫穷和不公义的问题。它说明了宣明会如何在组合发展、公共教育和救灾管理三方面做出的具体贡献，为中国带来改变；这些符合机构的策略性选择的贡献，如何透过赋权以减少贫穷。所有新项目/子项目在进行前期评估之前，必须检查是否与中国办策略一致，无论该项目是以焦点为准，还是以地区为准。否则，不应进行前期评估。[①]

（3）前期评估资金的落实。不论前期评估、中期评估监测还是终期评估，都需要资金支持。对运作规范的非营利组织来说，中期评估和终期评估的费用在项目设计时就会予以充分考虑。前期评估的费用则不然，一般通过以下几种不同的途径获得：

其一，组织内部解决评估经费。国际非营利组织以及国内较大规模的非营利组织通常采取这种方式。例如下面世界宣明会的例子：

如果项目（子项目）的理念与国家策略一致，主要伙伴又建议继续进行前期评估，（世界宣明会项目办）便要与一个资助办事处联络，为前期评估取得资金。要撰写前期评估计划，以便尽快进行讨论。这个计划要包括项目理念、前期评估的职权范围，以及预算。

发展项目（子项目）的前期评估预算，将会因是以区域为本还是议题为本的项目有所不同。评估时间和长度要视乎预算周期，以及社区、国家办事处、资助办事处的行事历和承诺而定。无偿资助或私人资助的项目会有不同，可能需要根据中国办事处的策略管理成本，或许要与资助办事处进一步协商。

要完成紧急救灾管理项目（子项目）的前期评估，时间比较

---

① 世界宣明会：《从问责及规划的评估中学习》，2007，第33页。

紧迫。救灾管理不能按照行事历，也不能预先承诺，而要视乎紧急状态的等级。

前期评估计划和预算一旦准备好，便要与伙伴对计划和预算达成协议，寻求资金承诺，然后进行评估。①

为了成功申请，国内小型非营利组织也拿出很少的钱或投入人力做一些小规模社会调查。这种前期评估成本很低，但也往往存在数据以及访谈资料较粗糙的情况，从而影响甚至误导后续项目的设计和实施。

其二，利用资助方提供的前期评估资金。这又分两种情况：一是资助方直接提供前期评估费用。但这种情况并不多见；二是资助方确认资助对象后，资助对象从整个资助资金中拿出一部分用于前期评估，建立基线数据。

其三，若没有任何前期资金可资使用，很多机构会利用二手文献、知情人介绍或很低成本的实地探访等方式了解潜在的项目社区、目标人群、组织等的情况。对那些专门资助其他组织的非营利组织来说基本都采取这种方式。有的组织索性跳过这一环节，直接进入项目设计阶段，但这样做的风险非常高。

（4）组成前期评估团队。评估团队的组成一般有以下方式：

其一，非营利组织自己组成团队开展前期评估。这种方式成本较低，对于评估参与成员未来向项目团队成员的顺利转变很有帮助。而且，自己的团队熟悉组织发展策略，完成的评估成果不易偏离组织发展方向。但是，这种方式对团队成员的专业能力要求较高，一般的小型组织很难满足这一要求。此外，该方式还有其他一些缺陷。例如，碍于上下隶属关系，组织内部成员之间有时很难坦诚相见；缺乏组织外部专家视角的激发，组织的评估结果很难成为潜在项目利益相关者的共识。

---

① 世界宣明会：《从问责及规划的评估中学习》，2007，第34页。

其二，聘请外部专家团队开展前期评估。采用这种方式，一般需满足以下前提条件：项目基本敲定；非营利组织有能力提供前期评估经费；外部专家有较为丰富的相关评估经验。由于成本较高，所以采取这种方式的多为大型非营利组织。由于外部专家很少涉及非营利组织内部的利益分歧，一般结论较为客观，而且也能带来组织外的新视角和新观点。但是，在聘请外部专家开展前期评估时，也要注意其局限性：专家可能对委托方的日常工作和组织发展意图不熟悉，也可能无法跟进所有评估流程及之后的建议。

其三，混合式评估团队。很多时候，为了充分发挥组织内部的能动性和外部专家的优势，非营利组织经常采用二者有机结合的方式组成混合式评估团队。通过团队内不同观点的碰撞，可以在很大程度上避免双方的偏差。

不论哪种类型的评估团队，都必须重视项目利益相关方，尤其是受益人群的参与。参与意味着他们可以参加各种评估讨论，甚至直接成为评估团队的正式成员。

（5）搜集各类相关资料。组成前期评估团队并进行分工后，就可以开展文献梳理和现场调研了。一般说来，在对潜在项目点和项目人群了解程度很低的情况下，前期评估团队应当谨慎、低调地开展工作，尽可能少地大规模接触目标人群，以免使他们对非营利组织产生过高期望。另外，调查数据尽可能充分使用，否则不仅浪费了时间和精力，而且也有可能损害到尚未建立起来的合作关系，进而给利益相关者造成非营利组织行事轻率的印象。接下来我们会通过一整节的篇幅介绍常用的搜集资料的方法和工具，此处不赘述。

（6）在分析整理资料的基础上完成前期评估报告，并决定是否进入设计环节。其结果如下：①决定开展项目。这样就进入下一步的设计环节。②做出不予支持或不宜开展项目的决定。即使如此，也需要坦诚告诉对方，并妥善处理关系维系的问题。③由于一些条件不成熟而决定暂缓执行。

还可以参考下面世界宣明会的例子：

评估的六个基本步骤如下①：起草《评估工作范围》，征求合作伙伴同意；回顾项目背景；设计评估；实施评估；使用结果；回顾评估发现及评估过程。上面的六个步骤还可以划分为若干任务（如图2-5）。

注：虽然严格遵守图示顺序对工作有帮助，但是在大多数评估中，规划者都会在规划阶段在两个步骤之间来回反复。这是一种常见现象。

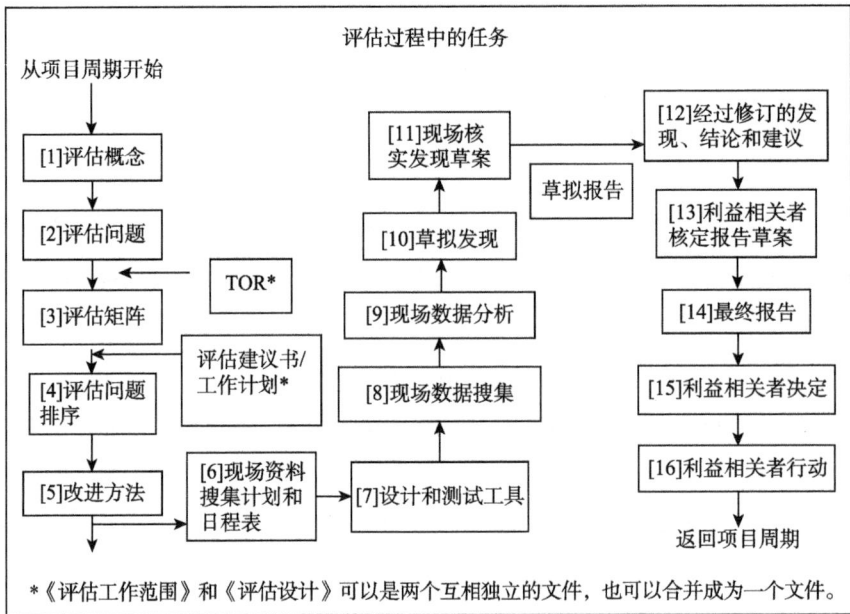

图2-5　世界宣明会前期评估步骤

二　紧急状态下项目的前期评估流程

无论对灾区人民还是响应自然灾害的非营利组织来说，灾害都是一块最好的试金石。此外，在灾害面前，集体行动最易达成。因此，近年来频繁发生的自然灾害总是能吸引大量非营利组织积极参与。

---

① 加拿大世界宣明会研发。

和非紧急状态下项目的前期评估流程相比，紧急状态下项目的前期评估有以下三个特点：一是日常项目流程步骤、程序或实施内容更加简化（见图2-6）；二是在紧急状态下，前期评估具有更多不确定性；三是评估内容略有不同。当然，并非所有非营利组织都有能力回应自然灾害等突发事件。因此，这里所说的项目前期评估主要是针对那些有相关业务宗旨并具备一定专业能力的非营利组织。这些组织的行动通常会更加迅速和专业。

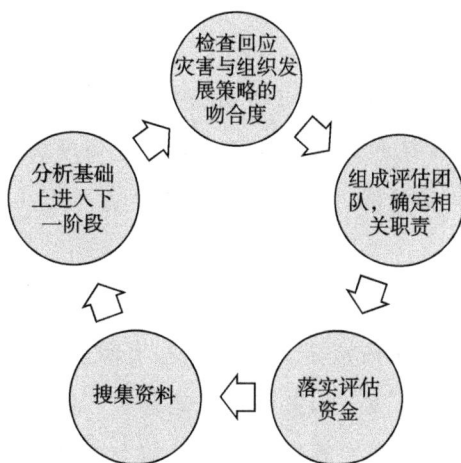

图 2-6 紧急状态下的项目前期评估流程

（1）检查回应灾害是否与组织发展策略相吻合。若吻合，则考虑下一步更加深入的介入。

（2）一旦发现组织有回应灾害的必要性和能力，接下来的工作就是组成灾情评估团队。评估团队成员可以由非营利组织内部灾害管理部门工作人员组成，也可以由非营利组织内部跨部门人员所组成，或非营利组织有经验的工作人员和外部专家共同组成。评估团队需要明晰评估任务、计划、职责以及和非营利组织其他相关部门的配合方式。例如南都公益基金会内部的灾害响应机制的第一步和第二步①：

① 《南都公益基金会灾害救援和灾后重建项目手册》，2013年12月。

1. 成立救灾小组

地震发生后，救灾项目官员发起成立救灾小组，救灾小组在秘书长的带领下，由秘书处各部门协调成员组成。救灾小组主要分工如下：

- 秘书长：总协调、项目审批
- 项目部：灾情评估、项目立项、项目监测（实地考察）等
- 传播部：对外信息传播，项目招标信息、简报等
- 财务：筹款

2. 灾情评估

- 救灾项目官员收集灾情动态信息，并与在地伙伴建立联系。了解灾区损失情况和需求，把评估情况反馈给救灾小组
- 根据评估情况，确定是否回应灾情：是（进行下一步），否（不回应）

（3）筹集必备的评估资金。对于那些有救灾宗旨和业务的非营利组织来说，都会有一定额度的灾害响应储备金。但对于其他非营利组织来说，则需要筹集用于评估的资金，常见的方式是向基金会申请。

（4）搜集资料。紧急状态下，由于时间紧，更重要的是自然灾害或突发事件刚发生，并无现成的研究文献可资利用，且信息来源非常零散，因此，前期评估团队是通过获得的其他二手信息得出初步判断。最好的信息来源首推通过官方渠道发布的相关信息，其次是地方合作伙伴提供的信息。一些有能力的非营利组织也往往边搜集其他二手信息，边派遣评估小分队开展实地探访以获取更为直观和可靠的信息。和非紧急状态下的项目前期评估不同的是，由于大量非营利组织聚集在相对狭小的区域，紧急状态下的前期评估尤其需要关注和自己具有相同或相似宗旨的组织的潜在竞争关系，并对潜在的合作伙伴的资源能力以及意愿等进行细致评估。

（5）完成前期评估报告，并结合组织能力考虑是否回应。如果不予回应，需要考虑必要的关系维持手段；如果回应，则需要确定介入的

方式和深浅程度。

三　前期评估的原则

（1）专业性原则。对于前期评估来说，无论团队成员的知识和能力、评估方法以及报告产出，都应当贯彻专业性原则。这不仅能保证整个评估及下一步行动奠定在理性之上，还为下一步设计项目乃至整个项目周期打下牢靠基础。前期评估要避免感情行事或主观的片面判断。

（2）全面、系统性原则。前期评估的全面系统原则具体表现为：①应当从各利益相关者、社会结构、政策环境甚至自然环境等不同视角进行全面审视；②充分考量潜在项目点和项目人群等的积极因素和消极因素；③不仅需要时时考虑组织的发展战略和使命，还需要认真权衡潜在的需求与组织能力、资源、时间、专职人员以及志愿者之间的匹配程度。

（3）贯彻横切焦点的原则。第一章已经提到，整个项目周期都应当贯彻横切焦点的原则，但实际上，这一点往往被很多前期评估者所忽略。不论养老、扶贫、助学、环保、公共卫生还是赈灾、司法调解，都强烈建议运用性别、参与、公共教育、残障、减防灾等视角。

（4）多次评估，以由浅入深、不断锁定目标的原则。一些评估者以为一次评估活动所搜集的资料就足够使用，但实际上并非如此。因为，潜在的项目人群和评估团队成员之间的信任关系并非简单的一次接触就能建立起来。在初次接触中，一些相对敏感的问题很难得到如实的回答，例如，收入、传染病患病情况、干群关系等等。因此，根据资金预算，最好适当增加评估次数，调查问题从简单、不敏感到复杂、相对敏感，遵循调查—分析—再调查—再分析等逐渐接近真实需求的原则。这一原则在紧急状态下的项目评估中表现更为明显。例如，在回应自然灾害中，评估团队在紧急救援阶段就开始介入，但当时发现的更多的是该阶段的需求，随着安置过渡阶段和灾后重建工作的不断开展，灾区需求呈不断变化的特点，因此，实施评估—回应需求—再评估—再回应需求就成为非营利组织工作的一项原则。而且，在紧急状态下，由于外部环境条件尤其是政策的高度不确定性，评估工作持续的时间会很长。

（5）评估方法和评估过程避免伤害评估团队成员和潜在目标人群的原则。在实际评估过程中，一些潜在的风险，如高风险的自然条件和传染病等会对评估团队成员构成威胁，因此，进行一些相关防护技能培训以及采取购买保险等手段予以保障非常必要。此外，对目标人群带有一定创伤性的问题也应当尽量在专业知识的引导下进行询问。

（6）尊重目标人群的意愿，但不能完全按照本地人想法行事的原则。前期项目需求评估应当尽可能地关照到目标人群的意愿，但更应当在此基础之上进行科学、客观的分析。项目评估以及后续的决策是一项综合目标人群、捐赠方等利益相关方和各种因素的复杂判断，而不是将目标人群的需求抬高到至高无上的位置，并一味给予满足。仅仅锚定于目标人群的意愿有很大局限，偏离其意愿更有风险。因此，平衡好各方利益需求非常重要。

第五节　前期评估框架、指标体系、方法及工具

一　前期评估框架和指标体系

（一）前期评估框架

由于前期评估定位于发现问题、瞄准需求，而非全面评价项目效果，并没有终期评估那么强的逻辑性框架，所以在一般的项目评估的著述中几乎未涉及此一方面的讨论，但这并不意味着项目的前期评估不需要有逻辑性的评估框架，只能说其框架没有后者复杂。

笔者在此提出需求—分析—组织能力匹配的逻辑框架。衔接需求与组织能力匹配的重要环节是分析。分析包括要素分解及排序、必要性/优先性分析以及风险/机遇分析等。依据单一项目与多项目的不同，该逻辑框架又可以分为以下两种情况：

1. 单一项目焦点框架

当前期项目评估集中于特定某个领域时，如环保、艾滋病防治领域

的高危行为、发展、贫困、农户、两性平等、公民参与、可持续发展等，需要从中抽取出核心词汇或概念，从逻辑上再进行要素分解后形成框架，用以指导前期评估。这些核心词汇或概念往往构成评估指标体系中的一级指标。例如，非营利组织在对贫困地区/群体进行前期评估时，需要先界定贫困的核心要素，诸如包括自然环境恶劣、物质匮乏、机会缺失、能力不足、教育水平低、自我认知障碍、政策、市场乏力等，其中，物质匮乏是结果，是表象，其他要素则直接或间接构成物质匮乏的原因。接下来则需要对这些要素再进行逻辑的细分和梳理，之后可形成表 2-1。

表 2-1 单一项目焦点框架

	核心要素[①]	逻辑分解[②]	逻辑建构	逻辑再建构
客观原因	自然环境恶劣	自然形成的？ 人为破坏的？ 哪些是可以通过村民投工投劳所能解决的？ 哪些需要非营利组织投入就能解决？哪些只能政府投入方能解决？		
	能力不足	身体能力的缺失？ 技能缺乏？组织行动力缺乏？ 男性还是女性能力不足更为突出？		
	机会缺失	是地理原因还是政策没有倾斜等所造成？		
	教育水平低下	学校资源分布及其原因； 学校教育水平低还是生计知识缺乏？ 男性和女性是否有显著差异？其各自的特点和面临的问题是什么？		
	政策	缺乏相关政策、政策本身不完善还是政策执行出了问题？		
	市场乏力	投资乏力、劳动力短缺还是消费能力有限？		
主观原因	自我认知障碍	贫困群体如何认识贫困的原因？男性和女性归因之异同？		

①这里仅仅是举例。应用时一定要注意按照重要程度排序。
②同上注。

表 2-1 中，逻辑建构是在使用不同方法和工具评估的基础上，针对每个核心要素分解之后的成分进行的排序。例如，农民的负债可以分解为生产性负债、消费性负债、教育医疗负债等。逻辑的再建构则是针对所有核心要素进行的逻辑归因。同理，针对社区减防灾中的"社区脆弱性/韧性"以及针对娱乐场所中艾滋病防治的"高危行为"等单一项目焦点问题，我们都可以进行核心要素界定—逻辑分解—逻辑建构—逻辑再建构。

2. 多项目焦点整合框架。这是指用于指导多个不同主题的项目/子项目的框架。可以在每个单一项目焦点框架逻辑建构之后再进行整合。例如，社区发展项目往往包含多个子项目：小额贷款、社区基金、种养殖培训、学习小组、修小水窖等。多项目焦点整合框架重要的是解决子项目的排序以及相互之间的配合与衔接。

（二）指标体系

指标体系是有效测度核心词汇或概念分解后的结构要素形成的有机联系的诸多指标。这些核心词汇或概念包括"贫困""脆弱性""环境风险""能力建设""社会融入""高危行为""消除歧视"等等。指标体系是前面提及的逻辑框架的细化和操作化。指标可以是量化的数据，例如文盲下降率、维生素摄入量、收入增加百分比等；也可以是定性的表述，如需求程度、透明度、可持续性等。设计好指标后，需考虑各项指标的验证方法、监测时机以及初步确定的监测者，如表 2-2 中 LEAP 的例子。

表 2-2 指标设计表格

项目（活动）成效指标			
活动成效指标	验证方法	负责人	监测时机
例：70% 参加培训的教师能够正确说出三个多元化教学的方法	测试问卷	××	培训结束后二周内

例子

中国－盖茨基金会艾滋病防治合作项目基线调查报告中，对艾滋病防治知识知晓率采用了 UNGASS 指标和《中国艾滋病防治督导评估框架（试行)》指标（即国家 M&E 框架）。如果对下面 5 道问题全部回答正确，就评价为 UNGASS 知晓：1. 一个看上去健康的人有可能携带艾滋病病毒吗？2. 每次性行为时正确使用安全套能不能降低艾滋病病毒传播的危险？3. 保持一个未感染艾滋病病毒的性伴能不能降低艾滋病病毒传播的危险？4. 与艾滋病病毒感染者或病人一起吃饭会不会感染艾滋病病毒？5. 蚊虫叮咬会不会传播艾滋病病毒？国家 M&E 框架中设计了如下的 8 道题，如果正确回答其中的 6 道，评价为对艾滋病知识知晓。8 道题中，除了 5 道 UNGASS 指标，另外还增加了 3 道题：输入带有艾滋病病毒的血液或血液制品会不会感染艾滋病病毒？与艾滋病病毒感染者或病人共用针具会不会感染艾滋病病毒？感染了艾滋病病毒的孕妇有可能将艾滋病病毒传染给她的孩子吗？[①]

可量化的指标对前期评估中调查问卷的设计非常重要。当指标体系一般细化到三级指标时，调查问卷以及访谈提纲基本就制定出来了。

二　前期评估常用的方法和工具

前期评估常用的方法和工具，既包括社会科学经常用到的方法，如文献法、访谈、参与观察以及统计调查等，也包括参与式快速评估等工具和技巧。

（一）文献法

作为一种快捷、低成本的获取相关信息的手段，文献法被广泛使用。但使用的同时需要注意其局限性：对二手文献的准确性甄别比较

---

① 中盖艾滋病项目国家项目管理办公室：《中盖艾滋病项目基线调查分析报告》，2008 年 9 月，第 5 页。

困难；很多具体项目点等缺乏前人的研究和报道。一些经验不足的公益人士，容易犯以面代点的错误。例如，为了完成一份养老或残障的申请书，用全国养老和残障的文献作为自己的项目设计出发点，很容易偏离具体社区内相关人群的真实需求。获得文献的来源很多，具体包括：

（1）发表的论文。论文相对来说可信度较高，尤其是高质量的论文。从质量一般的论文中也可以或多或少获取有价值的信息。搜索论文的渠道包括：①期刊数据库。高校一般容易利用免费或付费的期刊数据库搜集大量的相关论文，高校以外的人士可以通过付费的方式加以利用。②出版的著述，例如专著、论文集等。这类论文在一般的期刊数据库中无法找到，而且较为分散，因此可以通过常用的关键词搜索或滚雪球的方式寻找。

（2）未发表或公开的相关报告。一方面，内部报告因为有较强的针对性而有重要价值，但另一方面，因为没有公开而难以搜集到。一般可以通过会议、熟人或直接向相关非营利组织索取等方式尽量搜集。

（3）政策、法规、文件。因为具有很强的合法性基础和政策导向性，因此一定要仔细搜集各个层级的相关政府部门出台的政策、法规和文件。搜集的渠道多通过政府网站。法规也可以通过一些搜索数据库，如北大法宝等获得。尽管官方网站能找到的政策文件数量比较有限，但也要尽量搜集。

（4）互联网、纸媒等媒体报道。在互联网时代，搜索相关信息相当容易，但互联网上的信息良莠不齐，需要具备一定的辨别能力。通过过期刊报纸或相关数据库，纸媒的报道很容易搜集到。

（5）地方志。地方志较为全面地记载了项目区在相当长的时段内的自然、社会、政治、经济、文化等资料，是比较珍贵的项目背景资料。地方志在图书馆、书店、档案馆以及政府部门都可以找到。

（6）年鉴。年鉴一般以年为单位进行编制，具有信息权威、更新及时、信息齐备等特点，是非营利组织获取资料的重要工具书。

（7）档案资料。档案资料可以分为政府档案和机构（组织）的工作档案。政府档案资料多为学者所用。非营利组织工作者一般不使用。而且，除非解密，档案资料很难获得。机构（组织）整理的工作档案很多，相对容易获得。

搜集到足够多的文献后，接着要进行分析，进而挑选出有价值的信息予以归类总结。同时，确定欠缺的信息，以便接下来通过现场调研等方法进行搜集。

（二）访谈类工具

访谈是获取一手信息的重要手段。因为是面对面的沟通，访谈获得的资料格外鲜活生动。由于被访者的叙述零散，有时有价值的信息不多，所以对访谈者的能力要求较高。同时，被访者不仅要有"故事"，还要具备较好的表达能力。

根据受访者人数的多寡，访谈法可以分为个人访谈和座谈。关键知情人的访谈就属于前者。个人访谈的优点是省时、深入，但缺点是，信息有时容易被遮蔽或歪曲，而且访谈结果无法量化。座谈需要注意参与者的代表性。为了每个参与者能有充分的交流时间，而且不至于话题过于分散，依个人经验，座谈一般人数控制在 5~8 人较佳。座谈法的优点是能节省时间人力，但容易产生团体压力和从众行为，敏感问题不适合用座谈法。

根据提问是否有严格顺序，访谈法还可以分为结构式访谈、半结构式访谈和无结构式访谈。结构式访谈规定了明确的问题以及提问的顺序。这种访谈所得到的答案之间的可比性较强，对访谈者的能力要求并不是很高，但缺乏灵活性，一些提纲中未反映出来但有价值的信息容易被疏漏。无结构式访谈不预设明确的访谈提纲，也不强调提问的顺序，类似于我们平常的聊天。这种方法使受访者感觉很放松，甚至可以深入交流相对敏感的话题，访谈者与受访者之间亦可以建立较为亲密的关系，但这种访谈方法对访谈者的能力要求很高。访谈者不仅要善于提问，控制访谈局面，更要善于从看似漫无目的的聊天中捕捉有价值的信息并能迅速条理化。介于二者之间的是半结构式访谈。上述两种分类交叉后形成了表 2-3。

表 2 - 3　访谈的类型

	个人访谈	座谈
结构式访谈		
半结构式访谈		
无结构式访谈		

无论个人访谈还是座谈，为了较为全面掌握相关信息，需要充分考虑不同性别、年龄、职业的受访者的搭配，还要考虑到受访者有较好的表达能力以及保证他们之间没有产生过较大矛盾。此外，还应当遵循但不限于以下原则：

（1）尊重被访者，选择方便被访者的时间和地点进行访谈。尊重还体现在，不要随意触及令受访者感到敏感和不安的问题，以及注意文化和社会禁忌。

（2）开场白简洁、意图明确、提问清晰、重点突出。

（3）不要随便打断受访者的讲述，访谈者仔细聆听、适当引导。

（4）提问的顺序可以颠倒，但不要遗漏重要问题。

（5）尽量用受访者熟悉的词汇、话语和方式来提问。

（6）访谈的五个 W 原则，即始终围绕何时（when）、何地（where）、谁（who）、发生了什么（what）、为什么（why）进行访谈，以免遗漏重要细节。

（7）多方验证的原则。由于个体记忆偏差、个人表达能力以及不愿正面回答等多种原因，访谈资料在很大程度上不准确或被有意无意遗漏，因此尤其需要把握多方验证的原则。多方验证至少有以下两种常用的方法：三角测量或交叉检验法，即不同的人分别搜集信息；使用不同的调查工具对同一事项进行信息搜集；使用不同的信息来源进行互相验证。此外，通过观察所得与访谈资料相互印证。

下面是某国际发展机构的经验，可以和上述"原则"互相借鉴。

访谈中的"务必"①

- 务必保证有合适翻译人员陪同。

- 务必首先找到当地长老/领导，说明你的身份和当前工作，征求其对访谈的同意。

- 务必在访谈工作中征求受访人的访谈同意，如提问："我能询问当地一些情况吗？"最后对其参与表示感谢。

- 务必将妇女和小孩及其他经历特殊困难的人群作为重点访谈对象。

- 务必在各地至少随访三个家庭，以核实所搜集的信息。

- 务必保证随访帐篷区边缘地带人群以及贫困家庭（边缘人群）。

- 务必避免同时随访大量人群，这只会让受访者和调查者感到不安。

上述访谈法适用于非营利组织的评估，但多少偏重于学术研究。非营利组织还发展出不同的访谈技巧及策略。例如世界宣明会的欣赏式探询法。

什么是欣赏式探询？②

欣赏式探询就是搜寻人群间、组织内以及其他相关群体世界中的最好的、最美的一面，藉此，实现个人与群体、成员与组织的共同发展。欣赏式探询是一门提问的艺术及实践，它不断强化合作群体的领会能力（Apprehend），即，深入理解社区实际情况的能力；预测能力（Anticipate），即，预测社区未来发展方向及可能性的能力；正向潜能培育能力（Heighten Positive Potential），即，激发出社区的积极心态与自我肯定的能力。应用欣赏式探询方法的目标：

---

① 《成效控制：为无家可归人群工作的组织指南》（2003），转引自国际关怀组织、天主教救济会、国际营救组织、国际美慈组织、英国乐施会、救助儿童会和世界宣明会等合作完成的应急能力建设项目成果《应急响应中的影响评估与问责：足够好原则》第1章"让人群参与所有项目阶段"，2007，第39页。

② 世界宣明会中国办事处：《项目再设计文件》，2013。

型塑愿景，并催化动员社区。

欣赏式探询与原来的问题分析方法的对比：

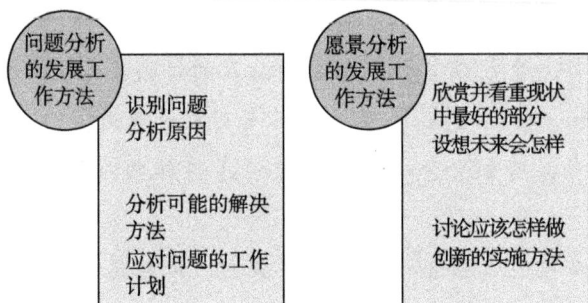

欣赏式探询的操作流程（5D模型）：

界定（Definition）：明确整次探寻的关注焦点；如有外来者参与，外来者可以和被调查的团体、社区组织等共同识别关注焦点，并进行愿景分析。

探索（Discovery）：发现现状中最好的部分；感恩对生命带来附加值的事项；识别优势、资源、资产、价值，以及对未来的美好愿望。

愿景（Dream）：预想将来会是怎样的状况；在上一阶段已识别出的优势、资源、资产、价值、愿望等的基础之上，预想会出现的影响；未来可能会是怎样？

设计（Design）：共同建造未来；对未来可能会是怎样达成共识，为在未来实现梦想设计操作系统及步骤。

实施（Destiny）：体验可能；在过去、现在，以及可以通往所希望的将来的优势、资源、资产、价值等的基础之上实施行动。

从优势视角和赋权理念出发，欣赏式探寻在一定程度上重置了我们对问题的关切程度。尤其当面对一系列挑战而无从突破时，该分析方法直接以组织愿景为出发点和归宿，正向思考目标人群的潜能及其发展方向。这样一来，不仅可以摆脱具体问题的干扰，还不会偏离组织目标。

(三)观察法

作为重要的定性研究方法之一，观察法可以分为旁观式观察法和参与式观察法。旁观式观察法更适合对"物"的观察，例如留心观察某个社区的自然环境和区位特点，校舍、道路、小型水利等基础设施建设，或者某人家庭的家具、电器、装修甚至燃料使用情况等。必须考虑到这种直接观察可能引发的问题（见表 2 - 4）。[①]

表 2 - 4　观察技巧及可能出现的问题

技巧	可能问题
解释观察现场人群的原因，以及将如何使用收集的信息，争取当地人的同意 邀请当地人一同观察现场 为观察者提供简单培训和支持。对将要收集的观察信息，达成一致 尽快汇集观察结果。书面记录观察结果，方便以后使用	观察活动可能会影响人们的正常活动和日常生活 如果观察者很了解被观察者，此时可能避免偏见 多个观察者参与工作可能会导致观点和解释不一致 未及时记录的观察结果可能不可靠

如果要深入了解当地人的文化、人际关系、社会结构或者某个群体的生活方式，就可以使用参与式观察法。非营利组织项目的前期评估者几乎不可能像人类学家那样在调查地区居住相当长的一段时间，但是选择较短时间的驻村入户和"三同"（同吃、同住、同劳动），不仅可能，而且很有必要。

(四)问卷调查

为了在很短的时间内了解一个社会群体对某个现象或社会问题的认知或解释，非营利组织还会经常使用问卷调查法，尤其是有较为明确的

---

① 《评估伙伴：与参与者评估发展和社区项目》（1986），转引自国际关怀组织、天主教救济会、国际营救组织、国际美慈组织、英国乐施会、救助儿童会和世界宣明会等合作完成的应急能力建设项目成果《应急响应中的影响评估与问责：足够好原则》第 1 章 "让人群参与所有项目阶段"，2007，第 44 页。

项目意向时。问卷调查的大致步骤是：问题概念化—在指标/量表操作化基础上设计问卷—确定抽样方法—问卷、发放、回收及处理—分析并完成报告。

非营利组织经常使用的是成本相对较低的非概率抽样。但在实施较大规模的项目时，为了更为准确地了解总体，也会使用概率抽样方法。问卷调查法的优点是能在较短时间内勾勒出某个群体认知或判断的轮廓，而且，定量的数据非常直观、有说服力。但需要注意指标化、问卷设计等科学化以及保证调查的信度和效度。当然，有些问题并不适合用问卷调查测量。

（五）参与式评估工具

和前述方法相比，非营利组织和发展工作者更偏爱快速农村评估（Rapid Rural Appraisal，RRA），尤其是参与式农村评估（Participatory Rural Appraisal，PRA）工具。

20 世纪 70 年代末，三个方面的因素导致快速农村评估的哲学、路径以及方法的出现：首先是对反贫困方式，尤其是都市专家们对农村走马观花式的"农村发展的旅游主义"（Rural Development Tourism）等偏好的批评与反思。所谓农村发展的旅游主义是指：空间位置上多选择靠近城市或交通方便的农村，或者村庄中心，而忽视边缘地带；项目选择上，偏好过去正在开展的项目，尤其是政府特别关注和支持的项目；人选方面，多挑选男性和精英等；多选择干冷而非湿热的季节下乡，而湿热季节对农村穷人来说环境更糟糕；在交往策略上，更倾向于避免因遇到穷人或艰苦条件所引起的不快。这些都容易导致掩饰真正的贫困。其次，发展学者痛感以往大规模和冗长的问卷统计调查及其结果乏味，而倾向于寻求更为简洁并贴近现实生活的方法。最后是积极的学习视角的转变。对外来专家们来说，本地农民最熟悉自身生活环境的技术、知识，因此，必须转向积极的学习。于是，一种更为快捷、有效的快速评估方法在很多国家的不同机构得到应用，例如讲故事与案例研究、剖面图、小组讨论等。

20 世纪 80 年代，参与（participation）和参与式（participatory）的

概念进入快速农村评估。"参与式农村评估是推动农民分享、提升、分析其生活环境的知识的能力并进一步采取规划和行动的一系列方法的总和"（见表 2 - 5 和 2 - 6）。①

表 2 - 5 快速农村评估与参与式评估之比较

	快速农村评估	参与式农村评估
主要发展时期	20 世纪 70 年代末及 80 年代	80 年代末及 90 年代
主要开创者	高校	非政府组织
初期主要使用者	发展援助机构、大学	非政府组织、政府组织
早期忽视的关键资源	当地人知识	当地人的分析能力
主要创新	方法、团队管理	行为、凭经验的培训
主导模式	诱导、萃取	促进、参与
理想的目标	通过外来者学习	向当地人赋权
长期产出	计划、项目、研究成果	可持续的地方行动与制度

表 2 - 6 快速农村评估—参与式农村评估的连续统

过程本质	快速农村评估-----------参与式农村评估	
模式	诱导、萃取	分享、赋权
外来者角色	调查者·······························催化者	
信息的拥有、分析及使用者	外来者·······························当地人	
使用的工具	RRA 为主，兼顾 PRA ------- PRA 为主，兼顾 RRA	

该方法的特点是：首先，在吸收快速农村评估方法的基础上，参与式农村评估非常强调当地人的参与，外来者要"交出指挥棒"，充分发挥"助人自助"的风格，协助当地人创造并发展。其次，参与式农村评估强调不同利益相关方之间的互相学习，是一种基于学习的开放的工具体系。再次，参与式农村评估是一个开放的方法体系：不仅大量吸收社会学、人类学、发展学、社会工作等各学科中关于方法的滋养，还鼓励各利益相关者相互学习以及不断从错误中学习、努力创新

---

① 这一描述以及前面的背景介绍和接下来的两幅表格都引自：Robert Chambers，"The Origins and Practice of Participatory Rural Appraisal，" *World Development*，Vol. 22，No. 7，pp. 953 - 959，1994.

（参见表 2 - 7）。

表 2 - 7　参与式评估与传统评估方法的区别

	参与式评估	传统评估
谁评估	社区的居民、项目工作人员和主持人（外来者）	外来专家
评估什么	社区的人们来确定他们自己的衡量成功的指标，这也可能包括经济指标如生产产出	提前决定了衡量成功的指标；它主要是经济指标，如成本和生产产出
怎样评估	自我评估；采用适合当地文化习俗的方法；通过当地人全面参与评估过程，使得评估结果具有良好的公开性并使人们能立即了解评估结果	强调"科学的客观公正"；评价人员与其他参与者保持一定的距离；统一的复杂的程序；延期出结果，并且人们只能获得有限的结果
什么时候评估	监测和评估融合在一起，因而频繁进行小规模评估	一般在项目结束时进行，有时候也进行终期评估
为什么进行评估	使当地人民具有启动、控制项目和采取正确的行动的能力和权利	核算，通常是总结以决定资金支持是否继续

资料来源：李小云主编《参与式发展概论：理论—方法—工具》，中国农业大学出版社，2001，第 120 页。在引用时，将原表中的"评价"均改为了"评估"，特此说明。

20 世纪 80 年代以来，参与式农村评估方法和工具被广泛运用于扶贫、环境、（营养、生殖）健康、自然资源管理、城市社区等诸多领域的需求调查及政策分析中。也就是说，参与式农村评估方法早已超出农村社区发展的范畴（因此，从这个意义上来说，叫"参与式评估"更为准确）。我们很难全面、清晰界定参与式评估方法的所有内容。下面仅仅介绍一些常用的参与式评估工具。

1. 排序法

排序法就是按照问题、事务、事物等的重要程度进行识别并排列的方法。对于非营利组织项目来说，排序法试图将有限的且有一定使用周期的资源用于发展工作中最重要的部分。该方法非常实用，应用也极其广泛。例如，对不同发展方案以及各种社会问题重要性的选择等，都可以使用该方法进行判断和甄别。排序法分为简单排序和复杂排序。顺序的排列可以通过打分、投票、分类甚至可以通过图表的直观方式予以确定。下面是世界宣明会的案例：

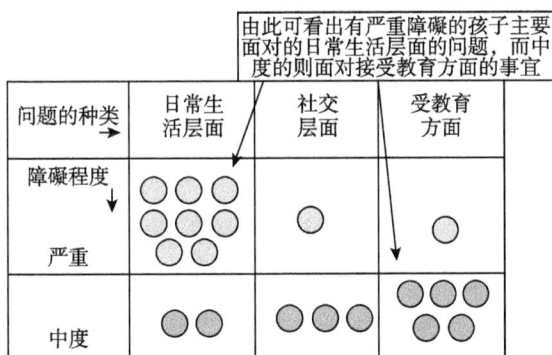

图 2-7 矩阵分析：在特殊儿童项目中使用特殊儿童面对的主要问题

表 2-8 就是一个简单排序的例子。0～10分中，分数越高表明越重要。通过各位参与灾民打分加总后，从中可以大致判断出灾民多种需求的顺序。

表 2-8 灾民对灾后重建项目的选择排序

项目选择	灾民 1	灾民 2	灾民 3	灾民 4	灾民 5	分值排序
房屋重建	10	9	10	8	10	第 1
清洁用水	4	10	5	4	6	第 3
垃圾处理	2	3	2	4	3	第 5
生计发展	8	6	7	5	10	第 2
办临时幼儿园	7	3	2	10	9	第 4

复杂排序也叫矩阵排序，它是通过一个矩阵中横向和纵向的指标综合后形成的判断。表 2-9 就是通过三个树种和三种用途构成的矩阵测量村民眼中不同树种和不同用途的重要顺序，以便为接下来的进一步决策提供参考。

表 2 - 9　树种选择矩阵排序

	冬瓜树	杉树	梨树
经济收入			
用柴			
水土保持			

资料来源：引自李小云主编《参与式发展概论：理论—方法—工具》。该书中有更为具体的介绍，中国农业大学出版社，2001，第 185 ~ 187 页。

需要强调的是，不论简单排序还是复杂排序，一次简单的活动很难达成共识。因此，在使用这种方法时，应当采取不断聚焦、达成共识的策略。例如，可以将参与者分为若干组。经过讨论，第一次排序结束后，肯定每组之间的观点有差异。在每组派代表陈述时，会引发其他各组成员的思考。各小组陈述完毕后，让大家再重新打分。经过"头脑风暴"的催化和引导，排序结果会逐渐趋同，即达成共识。分组时，应当充分考虑成员间不同性别、年龄、职业、职务、受教育程度等的搭配。

2. 问题树分析法

问题树是一种问题的分解和分析方法。它以因果逻辑关系为基础，通过集思广益，将某个复杂问题最终以树状图展示其不同原因及其相互关系的方法。问题树分析法被广泛运用于社会发展、政策咨询、企业管理。

首先，把一个已知的最为关注的问题当成树干，然后通过讨论将之分解成若干问题。这些问题还可以再分解为更细的问题，直到找出问题非常具体的所有原因最终形成"枝繁叶茂"的树状图（参见世界宣明会提供的图 2 - 8。

另外还有一种问题树分析方法。即先提出试图解决的问题，如教育发展滞后、环境破坏严重、村民增生困难、高危人群行为难以改变等，然后让参与者围绕主题列出相关的 3 ~ 5 个原因并进行排序。通过陈述—修正看法—聚焦，将所有搜集的问题进行归类，从中挑选出核心问题。以核心问题为树干，经过详细的因果分析后，将其他归类的问题作为树杈（注意排序），最终形成树状分析图。针对每一个具体问题，再设计解决方案就相对容易多了。

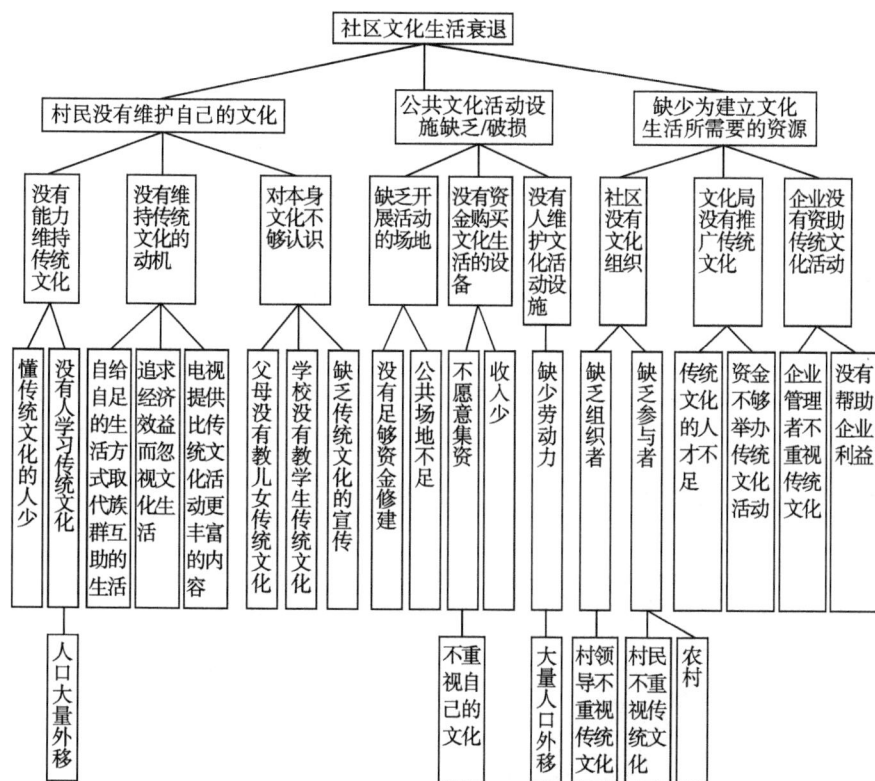

图 2-8 世界宣明会提供的问题树案例

问题树分析方法可以挑选有代表性的社会成员（人数不宜过多），进行开放式讨论。也可以按年龄、性别、职业等要素进行分组，讨论后再分别陈述、分享、聚焦。这样可能费时较多，但参与者更广泛，效果也更佳。

3. 社区地图

制作社区地图是以直观方式展示社区以及对地方性知识加以利用的很有用的小工具。展示的内容包括地理环境（山、河流、土地）、行政区划、基础设施（道路、民居、学校、庙宇、市场、活动中心等便民设施、紧急避险场所、医院、养老机构等）、自然资源（树木、草场、矿产等）等。制作社区地图有以下用途：

（1）了解并直观展示社区知识。绘制社区地图，能使前期评估团队成员迅速熟悉社区概况，并将社区的空间知识条理化，以极为直观的方式呈现出来。这可以作为以后开展项目的索引。

（2）社区地图可以作为日后考量社区变化的依据。在参与式农村发展项目中，常将村民或小学生绘制社区地图作为前期评估的成果之一。项目结束后再让村民或小学生绘制变化后的社区的地图，以直观展示项目前后的社区变化。不同年龄段的居民将年轻时的社区绘制出来，拼接在一起就构成了社区历史的演变图，对于了解社区史很有裨益。

（3）通过参与绘制社区地图，让社区居民"再认识、再思考、再想象"社区。发现社区好的地方性知识，如历史古迹、动植物资源等，以便发掘传承；同时也可以发现社区存在的问题或风险，如年久失修的小水利、容易发生自然灾害的河边、山坡、裸露的电源等，以便开展生计发展或社区减防灾项目（参见图2－9）。

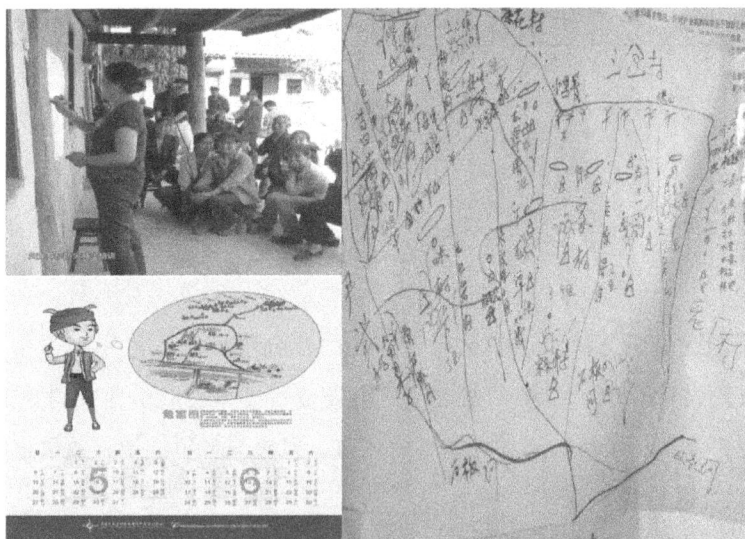

图2－9　国际美慈组织的社区参与式减防灾①

绘制社区地图时，可以让多个人绘制，然后逐个展示、分享，通过刺激参与者的想象力聚焦社区存在的问题；也可以按年龄或性别等条件

---

① 两张图片由国际美慈组织项目官员阎超提供。

进行分组，一人执笔，他人补充，将众人的想法融入社区地图后，再通过分组展示进行分享。

4. 季节图/日常活动图

除了空间维度，构成人们行动的另一个重要维度是时间。对农村发展工作者来说，前期评估过程中了解社区居民的生产和生活周期非常重要。季节图可以是饼状图，也可以是表格，只需把农村居民各个阶段的生产生活特点简洁勾勒出来即可。对于城市社区的发展工作者来说，则需要了解社区居民每月、每周甚至每日的大致活动规律。日常活动图通常用各种表格的形式呈现出来。该方式可以更直观地展示居民的活动特点、劳动强度、性别分工、休闲娱乐等特点。

5. 家庭结构图

家庭是非营利组织和发展工作者所要经常面对的重要结构性单位。清晰的家庭结构图要比一般的描述性文字直观得多。

人类学者通常使用以下表示亲属关系的符号：□代表己身（Ego），己身不分性别，是亲属图谱中计算亲属关系的中心；△代表男性；○代表女性[①]；━代表夫妻关系（两条虚线表示"同居"关系；夫妻关系符号上加一小斜线代表"离异"）；∣表示代际关系；┌┐表示同胞关系（例如图 2 – 10）。

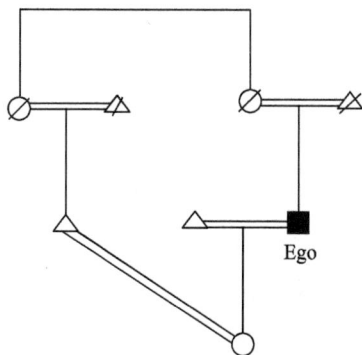

图 2 – 10　亲属关系示意图

---

① 己身、男性、女性的符号上加一条小斜线表示"该人已过世"。

在亲属关系图谱上，有的发展工作者也常添加自创的符号表示家庭成员之间的亲疏远近等强弱关系，用于发现遭遇困境的社会个体成员社会支持系统的受损程度。此外，还可以补充必要文字，记录对某人或某个家庭而言的重大事件，如出生、结婚、分家、工作、意外事故、入住养老院等。

6. 角色扮演

为了促进不同社会成员用不同视角观察、表达、解决社会问题，以便在达成共识的基础上采取进一步行动，经常会用到角色扮演方法。角色扮演法能较好地融合不同的视角、观点和声音，体验不同社会角色的思考和行为方式，适用于农村发展、边缘群体的社会融入等领域。例如，通过编排模拟真实生活的场景或剧本，让流动儿童和城市儿童进行角色表演。当剧情冲突到高潮时，主持人叫停，并让参与者进行分析。之后，进行角色交换后再进行表演，从而对流动儿童的社会融入以及消除歧视等问题进行深入的换位思考，最终达成共识。下面是世界宣明会儿童扮演剧场工具的案例。

儿童扮演剧场

该工具是一种具有娱乐性的表述和发现结果的方法，可以帮助儿童的观点被深入分享和讨论。该活动由少数成人和不超过 8 名 10 岁以上的儿童组成。该方法不仅让不同孩子之间分享各自观点，还可以增进孩子和成人之间的交流，从而避免儿童视角的边缘化。该机构给出的推荐流程如下：

1. 儿童选择结果或发现哪方面他们想要交流。重要的是关注在关键点上，而不是报告每一点或每一方面，否则角色扮演将会难以形成，信息也不会清晰。书面结果塑造儿童小组的正式成果并包含更多细节。

2. 选定一个可编成剧本的有关结果或发现的例子。

3. 鼓励儿童用自己的话"讲剧本的故事"。

4. 必要的话，请儿童画下故事的"分镜头剧本"（不是所有的儿童都需要做这个）。

5. 让儿童扮演角色，允许儿童制作剧本并在实践中生动地表演。

6. 让儿童为主要的小组来表演角色演短剧。确定向他们进行过明晰的介绍，并确定表演在当天重要的时刻完成，例如作为开场活动。

7. 拍摄照片或录像

照片或小的记录短片极具视觉冲击力，是重要的通过可视性资料发现社区问题的工具。除了外来者拍摄外，还有一些非营利组织简单介绍使用方法后，直接将价格相对便宜的照相机和摄像机交到当地居民手中。在规定了一些主题后，例如社区中儿童、残障群体的生活等，由社区居民自由拍摄。这种参与式方法突出了赋权视角和当地人的问题视角，性别视角也可以融入其中。该方法能够调动居民兴趣和积极参与。拍摄完成后，可以分组进行讨论、分享、排序，从而获得对社区认知的共识。这些资料不仅可以有效发现社区需求，还可以成为日后社区历史的重要组成部分而被广泛传播。当然，这些资料也常作为参照系，用于终期评估。

8. 优势—劣势—机遇—挑战矩阵分析法（SWOT 矩阵分析法）

SWOT 是由 Strengths（优势）、Weaknesses（劣势）、Opportunities（机会）、Threats（威胁）四个英语单词的首字母所组成。SWOT 矩阵分析法常用于项目前期评估、动员阶段以及组织战略定位评估。该方法更倾向于发现优势和机遇，对劣势与挑战抱以警醒，而非强调解决问题的手段及目标的定位（参见图 2 - 11）。

当 S + O > W + T 时，可以开展项目；当 S + O = W + T，慎重决策是否开展项目；S + O < W + T，不建议开展项目。[1]

除了上述快速评估工具，非营利组织在项目的前期评估中还常使用

---

[1] 该表述及图 2 - 11 引自北京市民政局编《社区志愿服务项目化运作与管理》（未刊稿），2015。

剖面图、故事与典型案例、社会网络表、洋葱工具、机构关系图、社区大事记、赶集的市场流转图、居民生活账本等。实践中，参与式评估工具可以有很多创造，甚至游戏、戏剧、运动等都可以成为评估的小工具。例如，国际美慈组织和耐克公司共同开发"加油——在运动中成长"社会心理项目，曾在美国卡特里娜飓风、印度洋海啸、9·11事件、秘鲁大地震等灾难后的心理援救中多次实施，获得了很好的效果。该项目主要通过主题运动和游戏的方式，激发孩子们自我恢复的心理潜质，在轻松愉快的气氛中，培养他们包括建设性交流、自尊心、耐挫力和团队合作与信任等在内的积极品性。撇开这些作用不提，项目还能快速识别那些心理有障碍的学生。由此可见，运动游戏能帮助项目前期评估团队迅速锁定目标人群。下面是一个笔者参与实施的评估案例：

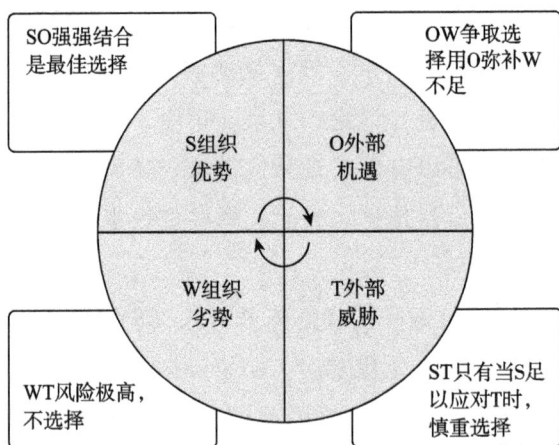

图 2-11 SWOT 分析图

玉树灾后某村庄的重建参与式评估

2010年玉树地震后，笔者受托赴灾区开展灾后重建项目的前期评估。在某行政村下辖的A、B、C三个自然村，分别有12位女性与4位男性、15位女性与10位男性、18位女性与10位男性参加我们的快速需求评估。参加者均为成年藏族村民，绝大多数不懂汉语，且为文盲。

经过村民提议、讨论、投票，100% 的村民首选建房。接下来就需要考虑建什么样式的房屋、房屋内部结构布局、面积以及造价等具体问题。我们采用让村民画图的方式了解这些需求。整个评估分为四步：第一步，评估村民需要什么风格的房屋。先发给每位参与村民一张白纸和笔，让村民画出自己心目中的房屋。结果，村民无一例外地选择砖混结构的藏式建筑。而且，出于对地震的恐惧，村民均不愿住传统的 2～3 层的建筑，而是选择了平房。第二步，再发给村民一张白纸，让他们画出心目中房屋的结构布局。村民画出了卧室、客厅、厨房、经堂、储物间、牛粪房等。第三步，计算心目中房屋的面积及造价。参与者大都有盖房经验，所以很快就能计算出来。结果村民大吃一惊，没想到造一座心目中的房子竟然需要上百万元！若这样计算，三个自然村的 69 户村民仅仅盖房的造价至少需六七千万元。接下来的第四步，是大家讨论如何降低成本。通过分组讨论，村民很快就缩减房屋面积（仅保留经堂、卧室、厨房等主要功能区，牛粪房、储物间、厕所在院落内自行搭建）、村民投工投劳、就地取材将石头作为主要建材等达成共识。

前期评估需要根据实际需求选择合适的方法和工具。这些方法和工具可以进行变化繁多的组合。重要的是，无论使用什么方法和工具，都不能忘记融入横切焦点。

最后强调的是，前期评估过程中获取的资料、数据容易出现偏差。为了保证较高的信度和效度，需要进行交叉验证。不仅在前期评估中，甚至在中期评估、督导以及终期评估中，交叉验证都非常重要。交叉验证至少包括以下几个方面：

（1）广泛征求不同利益相关者的看法，综合其对问题的阐释。

（2）针对同一个或多个问题，问询潜在项目点不同身份的人的观点，例如基层干部、普通民众等。

（3）将潜在目标人群中不同年龄组成员的观点进行交叉验证。

（4）关照到潜在目标人群中不同性别者的看法。

（5）如果潜在目标人群属于不同的民族，应当倾听来自他们的心声。

（6）按照世界宣明会的做法（如图2-12），将定量数据、二手文献以及定性资料进行互相验证。

（7）将评估小组不同成员的观点汇总，并在分类基础上进行比较。

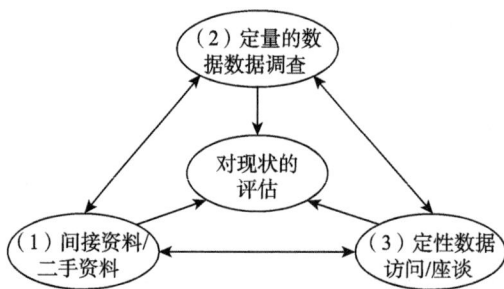

图2-12　世界宣明会的三角评估法

| 第三章 |

项目设计

如果前期评估的结果是开展项目，项目管理就进入项目设计阶段。项目设计，就是基于前期评估成果以及接下来更为深入的搜集和分析资料，确立项目（子项目）的总体目标和具体目标，并在风险管理、进度管理以及成本控制的基础上制定一系列行动或活动计划的过程。

项目设计包括项目名称、项目起止时间、项目（子项目）的总体目标和具体目标、项目管理团队、投入产出及其指标、利益相关者的角色和任务、项目进度、风险因素、监测督导、评估、财务管理等内容。

如表 3−1，用非紧急状态下、紧急状态下和实操型项目、资助型项目可以构建出四个区间，即非紧急状态下实操型项目、非紧急状态下资助型项目、紧急状态下实操型项目以及紧急状态下资助型项目。

表 3−1　不同类型的项目之设计

	非紧急状态下	紧急状态下
实操型项目		
资助型项目		

这四类项目的设计中，非紧急状态下实操型项目设计最为常见，后三者的项目设计均以此类型为原型，但彼此之间又有所差别。接下来的第一节和第二节均围绕非紧急状态下实操型项目的设计而展开，第三节集中阐述其他三类项目的设计。

第一节　项目设计的目的与标准

一　项目设计的目的

项目设计的目的如下：

（1）在前期评估资料分析的基础上，从当地或目标人群的实际情况出发，预测未来实施的项目在多大程度上能回应目标人群的需求，项目能改变什么、项目无法改变什么，并据此制定清晰的项目目标，作为未来项目开展的战略性指引。

（2）围绕项目目标，在策略层面，从资金和组织能力的角度出发，按重要程度对子项目或活动进行排序，并用逻辑框架和指标将子项目或活动予以整合。

（3）在逻辑框架、指标约束下，进行项目风险分析，落实项目周期、评估督导、与项目活动匹配的资金预算、财务管理制度等内容，为接下来的具体行动提供指南。

（4）以书面形式确定各利益相关者的角色、责任，为未来合作提供稳定的预期，并作为各方行动和问责的依据。

（5）通过风险分析与管理最大限度保证后续项目的顺利实施。

香港乐施会在设计项目时，重点考虑：

- 期望的改变是否具体清晰；
- 不同阶段的目标是否具体清晰；
- 质量指标是否具体清晰；
- 目标是否简洁易懂；
- 活动与目标关联是否清楚、活动是否能有针对性地指向目标；
- 活动达致目标的可行性；
- 参考同类项目经验和教训分析；

- 乐施会对项目资助完成后，是否有退出机制。[①]

二 项目设计的标准

（1）需秉持公益理念和目标。非营利组织在项目设计时需要注意的是：组织的壮大只是手段，透过提供有效服务以最大限度地满足目标群体的需求才是目的。目前，国内一些非营利组织在设计项目时往往容易混淆手段和目的，有些甚至背离了公益理念。例如，随着越来越多的政府购买服务资金进入公益领域，一些从市场中已经获利的企业嗅到了其中的"商机"，迅速登记注册民办非企业单位参加政府购买服务。这在地方不仅被默许，甚至得到一些急于见到政绩的官员的大力支持。一些养老机构、医疗机构、残障人士康复机构、心理机构等在项目设计时容易出现这些问题。在设计项目时，秉持公益理念看似简单，但若能在整个项目中一以贯之并非易事，它在很大程度上能决定一个非营利组织能走多远。

（2）选定项目点，清晰界定目标人群及其面临的问题，厘清问题背后因果关系的逻辑关联。

首先是选定项目点。下面是香港乐施会的经验。

选定项目点的考虑因素：

- 选择的项目点是否有助于达到项目目标，从而实现中国项目部策略目标；
- 选择的项目点是否贫困，如国家级贫困县、人均收入在国家相对贫困标准以下等；
- 选择的项目点是否属于目标受益群体比较集中的地方；
- 选择的项目点的潜在受益群体是否团结；
- 选择的项目点是否可以直接接触到受益群体并使他们直接

---

① 《香港乐施会项目手册》（中国内地项目适用），2014 年 9 月第 6 版。

受益；

· 选择的项目社区是否有潜力最终能够自力更生，项目可以在适当的时期撤出；

· 选择的项目所在地的政府是否支持实施项目；

· 选择的项目点是否有条件起到示范作用（如当地政府态度、群众态度、交通条件等）；

· 其他机构在选择的项目点开展的工作，资源投入是否重复；

· 机构或伙伴机构选择的项目点具有最基本的道路交通条件和安全保障。①

其次，项目设计必须明确受益对象及遴选的标准。例如，某公益机构在某农村社区发放太阳能项目时，就面临到底有在读大学生的家庭贫困还是没有大学生的家庭贫困的问题。后者认为前者家里更富裕，因为有钱供学生读书；但后者可能因家里有足够的劳动力而实际收入更高。因此，必须确定遴选受益人群的标准，还应当向社区公众征求意见并避免少数人共谋。

再次，项目设计必须建立在清晰界定的问题基础之上，否则就无法有效回应目标人群的真正需求。这也是为什么非营利组织项目管理强调前期评估的原因所在。最后，在项目设计时，仅仅清晰界定问题还不够，还需要对问题进行分析，以建立因果关系的逻辑关联。例如，国内不少非营利组织开展过发放钱款补贴的项目。发钱的项目看似很简单，但其实难度很大。姑且不论为何给 A 而不给 B 这个复杂的涉及公平正义的分配问题，假如我们知道了学生、灾民、农民工等弱势群体的需要资金，还需要具体细分其缺少资金的原因以及目标人群获得资金后如何使用，以确定提供资金与学习成绩的提高、尽快恢复灾后生活秩序的可能性以及摆脱贫困能力的提升之间的逻辑关联，否则，所提供的资金只能解一时之渴。

---

① 《香港乐施会项目手册》（中国内地项目适用），2014 年 9 月第 6 版。

再例如：某组织设计的项目是针对孤寡、空巢老人，残疾老人，优抚老人，低保或低收入老人。具体活动包括：①老年人生活照料、精神慰藉和理疗康复等；②让老年人享有阅览图书、书法绘画、歌舞培训、打牌下棋等文体服务；③以社区老年课堂为阵地，开展涉及法律、养生保健、人际沟通、心理咨询等专题讲座和咨询指导；④定期户外陪护及适当户外运动。我们可以看到，该组织设计的项目中，问题的界定并不清晰，因为每个人群的需求是有侧重和层次之分的。而且，虽然设计的活动很多，但其中的逻辑关联非常弱。如果按照这个设计执行项目，不能说完全没有效果，但效果肯定不甚明显，有限的项目资金的使用效率非常低。

（3）有效的正面描述。在项目设计时，尽量不用或少用负面的词汇表述。

（4）贯彻参与、性别等横切焦点。

与公共教育、脆弱性和能力的理解一样，横切焦点从不同方面被用来进行项目设计：

在所有项目和子项目的评估和涉及范围内，必须包括横切焦点。

如果全国及当地确认了其他相关合适的横切焦点，要按情况包含在脉络化（contexualised）的项目框架中。

项目设计要包括具体的检测和评估指标，用来追踪横切焦点是如何被考量及影响的。要考虑监测和评估数据可以怎样根据有关横切焦点和特有的主题来分解，例如性别或残疾分开。[①]

（5）激发目标人群助人自助的理念，以及调动其社会支持系统帮助目标人群，从而最大限度地回应项目结束之后的可持续性问题。助人自助、激活目标人群的社会支持系统或修补其受损的支持系统，对于项

---

① 世界宣明会：《从问责及规划的评估中学习》，2007，第29页。

目的可持续性来说非常重要。例如，艾滋病感染者、失独者的社会支持系统非常弱，原有的支持系统损坏，不再发挥积极作用，于是这一人群变成"漂浮物"。仅仅为这一群体投入资金远远解决不了其面临的问题，因此，需要从这些人群的自组织及其支持系统入手，方能最大程度地给他们以帮助。

（6）风险控制以及可行性。有些项目设计时的问题意识很好，但需要充分考虑到项目的风险和可行性。例如，有些针对监狱服刑人员、吸毒人员、精神障碍人士、失独群体等设计的项目就非常有意义，但必须考虑到其中的风险因素，以便使项目设计更有可行性。例如，越来越多的高校社团和非营利组织关注到失独群体。但对其帮扶不能仅仅建立在一腔热血之上，还必须充分考虑到这一人群的特点以及项目进入的可能性。

再如世界宣明会某县项目办在发展社区种养殖项目时，所设计的风险分析及管理方案（见表3-2）：

表3-2 针对种养殖项目中存在的风险设计

产出序号	风险	可能性等级（低，中，高）	后果严重性等级（低，中，高）	风险管理方案
1.1	社区居民不积极参与宣明会的项目	低	高	宣传参与的重要性，使社区深知宣明会发展工作的理念和工作原则
1.1	经济合作组织在社区与其他利益相关者造成冲突	中	高	借由利益相关者分析、韦恩图等社参工具了解社区里政治及组织关系，以避免与现存正式或非正式关系及制度因冲突而带来的负面影响
1.2	在发展养殖时，发生特殊重大疫情	中	高	做好养殖场所卫生的管理，定期做好防疫注射并随时观察畜禽的生长变化，随时预防跟进
1.4	农民在实际操作中不种植新的品种	中	高	建立试验点以及组织农民去本地区其他成功模式现场观摩

续表

产出序号	风险	可能性等级（低，中，高）	后果严重性等级（低，中，高）	风险管理方案
1.4	有重大旱灾、涝灾	高	高	做好前期防灾工作（疏导、水利配套），制定解决突发灾害的方案
2.2	社区及政府不进行投入（人力、财力）	高	中	倡导政府对农村水利的投入，并与其签订协议明确规定责任与义务等，在政府资金到位后，再开始实施项目

（7）完善的指标体系。指标体系是组织的核心竞争力，是专业化的具体体现，是项目设计中重要的组成部分。如何将重要概念和词汇分解为一系列按重要顺序排列的具体问题，并针对性设计指标体系，不仅可以给项目实施以具体指引，而且还是规范管理以及终期评估的重要参照。

（8）找到最合适的逻辑起点和动力基础，以最大程度地延长公益链。目前，国内不少非营利组织的项目设计都是跟着感觉走，没有精心考虑项目的动力基础和公益链。例如，某开展乡村教师培训项目的公益组织负责人告诉笔者：该组织资助的乡村教师写了大量的感谢信，因为这些来自最底层的教师很难得到培训机会，而且其中的绝大多数从未到过省城。诚然，乡村教师培训是一个很好的切入点，但对于一个理性的非营利组织项目设计者来说，仅仅考虑到被感激是不够的。我们必须以此为逻辑起点，建立乡村教师培训—整个学校师资知识结构或教学水平的变化—学生成绩提高—对家庭和社区带来改变的公益链。否则，这种培训项目只能称为低水平的重复劳动。再例如，在贫困地区的小学发放学生卫生包是很多非营利组织采取的项目形式。在项目设计中，仅仅考虑到给孩子发放牙刷、牙膏、牙缸等是不够的，也不能仅仅限于给孩子传授正确刷牙知识，还必须在评估指标里加入项目结束一段时间后仍坚持刷牙学生的比例。当然，若能考虑到孩子养成刷牙习惯后影响其父母，进而对社区卫生有一定贡献则再好不过了。

在这方面，世界宣明会儿童为本、社区发展的项目设计理念以及国际小母牛的礼物传递等堪称经典案例。

国际小母牛的价值观由代表公正、可持续发展的 12 条基石所构成，其中第一条就是"礼品传递"。"传递礼品是国际小母牛的分享与关心哲学之具体体现。每一个接受家畜的家庭要签订一份合同，同意传递第一只后代母畜给需要帮助的另一个家庭。同时还要答应把自己学到的知识和技能传授给别人。许多项目组还采取多'回传'一头家畜或部分销售收入的办法支持他们的项目"①。由此看出，该组织通过第一份礼品这个逻辑起点，推动了多米诺骨牌式的公益链的延展，从而最大限度地发挥了该礼品的效用。

（9）实事求是。有的草根组织为了申请到更多资金的支持，在项目设计中将需求或者将未来产出不切实际地夸大。无论对组织自身，还是对资助方、受益对象，该做法都是不负责任的。

第二节　非紧急状态下实操型项目设计的步骤

本节具体阐述项目设计的过程。直接运作型非营利组织和间接资助型非营利组织的项目设计略有差别，即前者面对的组织数量及组织之间的合同管理要比后者少。不论哪种类型的非营利组织，不论非营利组织项目资金规模的大小、项目的复杂程度、项目设计过程的快或慢，以下步骤一般必不可少。

一　前期评估基础上的再分析

有人以为，前期评估既已完成，直接进行项目设计就可以了，其实不然。一方面，不论何种类型的评估团队的前期评估成果，都很难直接

---

① 国际小母牛中国办公室、四川海惠助贫服务中心：《小母牛以价值为基础的社区综合发展模式培训者培训手册》，2008 年 12 月，第 6 页。

转化为项目设计，而是需要进行再分析甚至多次再调研，才能设计成项目文本；另一方面，评估与学习贯穿项目管理始终，这一阶段也不例外。项目设计这一步骤至少包括以下再分析的内容。

1. 需求背后原因的再分析

需求的再分析可以分为以下三种情况：若前期评估是委托外部专家完成，还要结合组织自身实际情况对前期评估成果进行再分析和转化；若非营利组织自己完成前期评估，为避免单一视角的局限或出现把握不准确的地方，最好再邀请外部专家、合作伙伴以及目标人群代表参与讨论；如果前期评估团队是混合专家团队，且评估成果的质量很高，那么可以进入项目目标分析和项目可行性分析。不管哪种情况，都要在对需求背后的原因深入挖掘后进行排序，力图确定多个原因之间的逻辑关联（参见图3-1）。例如，在对造成自然灾害频发的原因深入分析时，需要考虑到底是地质构造所引发，还是气候变化、环境破坏、资源分配不公所造成。总之，前面提到的一些前期评估工具，如SWOT分析、问题树、座谈会、排序法等都可以用来分析需求背后的深层次原因。

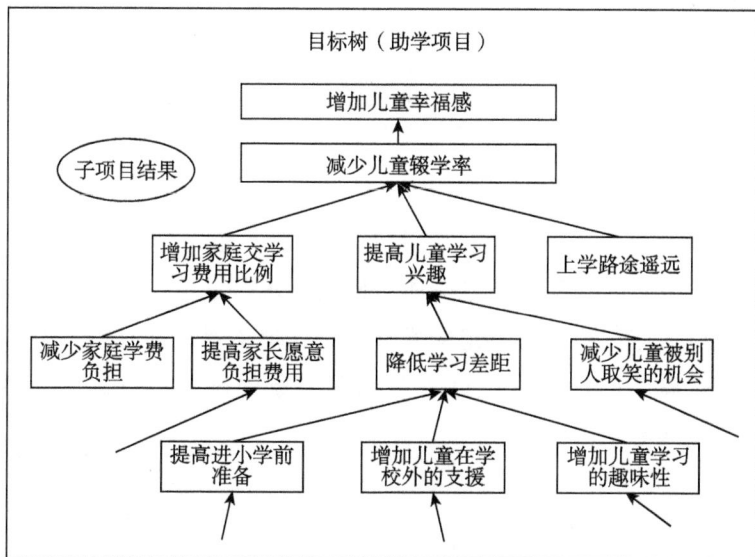

图3-1 世界宣明会关于助学项目的逻辑分析

此外，确定项目设计所需的数据也很重要。以下是世界宣明会针对收集数据的标准提出的建议①：

- 在日常管理中，什么数据是做决定时必需的？
- 什么数据需要定期评估？
- 什么数据需要经常监督？
- 会怎样使用数据，由机构使用还是由不同伙伴使用？
- 这些数据如何帮助伙伴完成必需的责任？它如何影响社区、民间组织及政府？
- 使用什么数据搜集方法（例如记录、观察、汇报、问卷、采访）？
- 需要什么资源（人物、时间、金钱）来搜集数据，使它们成为有用的讯息？

2. 项目目标分析

经过需求背后的深层次原因分析、排序以及因果关联，可以将最重要和最始基性的需求作为项目目标，然后将之分解为相互关联的子项目。一旦确定项目目标，"便要保证：目标是清楚而不是含糊；目标之间有合理的逻辑关系；整体理论是清楚的，避免冗长和陈述的随意性，要让所有伙伴都能明白"。②

3. 项目的可行性分析

大致确定项目（子项目）及其目标之后，还要结合组织自身的资源、能力等进行项目的可行性分析。即使需求再紧迫，但如果组织自身能力不足以回应，或不符合组织发展战略，那项目设计时也只能考虑及时转介或舍弃。根据可行性分析的结果，原先确定的项目（子项目）有可能再度调整。

---

① 世界宣明会：《从问责及规划的评估中学习》，2007，第 51～52 页。
② 世界宣明会：《从问责及规划的评估中学习》，2007，第 48 页。

类增策略（或称类增理论 alternative theory）的分析[①]

以下问题可以进一步思考初拟的项目/子项目的范围：

- 要应对所有问题，还是只针对其中几个？

- 谁负责解决问题？要负责多久？

- 每个问题需要哪些伙伴参与？就算不直接参与，需要游说哪些伙伴的认同？

- 政府作为社区负责人，它的角色是什么？

- 什么组合的活动最可能带来预期的成功？

- 成功是短期的还是长期的？考虑到深层问题了吗？还是只处理实时困难？

- 不同策略所需的预算和资源有什么不同？什么是实际负担得来的？

- 哪些策略最能让两性平等参与？

- 可以怎样缓和消极环境的影响？

- 世界宣明会要给当地伙伴积极、长期的影响，就应该采取什么方法/角色？

制定标准以评估（或排列等级）其他可行项目的介入：

- 符合项目基本策略，或项目的领域；

- 目标社群的利益所得——平等、充权、参与及对对策的影响力；

- 可持续改变的潜力；

- 财政和经济的可容度、总成本和反复成本的复杂结构；

- 技术的可行性；

- 带给社会和环境的影响；

- 对加强组织管理能力的贡献。

设计理论要对其他方案作出评估及考虑。一个问题通常有多过一个的解决方法。要根据项目/子项目的情况及适当准则寻找合适

---

① 世界宣明会：《从问责及规划的评估中学习》，2007，第48~49页。

的方法。要与伙伴充分讨论这些决定，并在设计书的文本内详细解释。

4. 当地潜在合作伙伴的分析

设计非营利组织项目时，可持续性是一个需要着重考虑的要素。而可持续性的实现，在很大程度上要依靠当地合作伙伴激发目标人群助人自助的理念。因此，在项目设计时，要重点分析不同潜在合作伙伴的能力、权力结构以及在未来项目中的角色。其步骤如世界宣明会所阐述[1]：

- 确认不同层次的伙伴，如政府、非政府机构、社区组织、被动群体和居民小组、区内主要企业或雇主、社区领袖、宗教群体等，然后把它们跟状况和导因连接起来。
- 研究伙伴们在处理这些状况时的角色、利益和权力。
- 尽可能确定谁有权力为实时问题、深层问题和根本导因引进改变措施；
- 决定伙伴之间的合作接口或关系上的矛盾；
- 清楚陈述分析结果，制定促进和谐关系及缓和伙伴冲突的策略。讨论如何把它加进项目设计之中。

分析当地潜在合作伙伴不仅对操作型非营利组织设计项目很重要，对资助型非营利组织更为重要。目前，国内一些基金会通过资助草根组织提供在地化服务时，草根组织的能力、需要在项目设计时成为重中之重，透过草根组织激活其他不同层次的合作伙伴是项目顺利实施的要务。

这种分析工作具体又可以分为三个层面：首先，非营利组织当地潜在的合作伙伴范围最好与目标人群/社区的所有支持系统范围重合。如果支持系统缺损，在项目设计时要想方设法围绕"创造有利于解决需

---

① 世界宣明会：《从问责及规划的评估中学习》，2007，第47页。

求的系统/组织，尤其是目标人群自己的组织"进行。

为了创建社区公共空间，增加社区居民间的沟通交流；提升社区居民参与社区公共事务的意识和能力，增强社区的凝聚力，北京爱思创新信息咨询中心设计了"阳台菜园助力社区发展——天福园社区家园计划"项目。该项目具体目标为：（1）通过项目实施，使社区更多居民参与到阳台绿色种植活动中，创造绿色环境，丰富社区活动；（2）建立公共菜园展示园，搭建社区居民交流的公共空间，提供人与人之间互动交流的机会；（3）通过建立和培育社区居民公益小组，提升社区居民参与公共事务的能力，增加社区内生发展的社会资本；（4）由社区居民参与，共同改善社区公共环境。[①]

在这一项目设计中，可以发现激发、引导社区居民在阳台种菜—交流学习—成立公益小组—推动社区居民参与解决社区问题的整个公益链相当完整，切入点选择得也很好。值得一提的是，该项目通过导入兴趣，培育了新的支持系统——社区居民公益小组。对于那些脆弱群体，例如艾滋病感染者、失独群体、贫困农民、残障人士等来说，催化他们的支持系统尤其是这些人群的自组织非常关键。例如，从表3-3可以看出，如果缺乏失独者组织，失独者的很多需求无法得到有效回应。

表3-3　失独者需求分类表

类型	具体需求	服务提供者
第一类	政策法规之完善、数据库建设、医疗绿色通道的建立、再生育、收养信息的对接、经济救助、基层计生官员服务方式的转变	政府

---

① 北京爱思创新信息咨询中心：《"阳台菜园助力社区发展——天福园社区家园计划"项目实施方案》，2014。

续表

类型	具体需求	服务提供者
第二类	家政服务、保险	市场、政府
第三类	心理关怀、日常陪伴、娱乐活动、危机干预、临终关怀、后事安排、社会支持系统的恢复	"失独"社团组织、政府
第四类	失独风险规避的宣传倡导、消除歧视、失独者动态监测	政府、"失独"社团组织
第五类	住院陪护	市场、"失独"社团组织
第六类	养老、就业	政府、市场、"失独"社团组织

资料来源：韩俊魁：《北京、辽宁"失独"社团组织考察报告》（国家卫计委资助），2014 年 1 月，第 10 页。在此引用时，略有补充。

其次，设计项目要从项目需求和潜在合作伙伴的需求出发，寻求二者有机结合。在项目设计时，不能仅仅从非营利组织自身项目需求出发，而忽略了潜在合作伙伴的需求。项目的可持续性是双赢甚至多赢的。那种一味将潜在合作伙伴视为"工具"的做法从根本上是不可取的。

再次，基于对潜在合作伙伴的能力的判断，在项目设计时，可以将分解的某些子项目或具体活动交与他们，并和他们讨论由后者单独完成的可行性和风险。

二 确定项目的逻辑框架及工作分解结构

对相关资料进行再分析之后，接下来需要重点设计项目的逻辑框架，并在此基础上确定工作分解结构（Work Breakdown Structure，WBS）。

非营利组织项目逻辑框架，是指包含项目/子项目总目标—具体目标—指标分解—项目活动—与资源匹配的产出—预判成果的转化形式在内的、有逻辑关联的整体性思路。简言之，逻辑框架应当包含目标、（对人的）影响及产出三个部分的内容。3-2 图中可以清晰地看到这一点。

干预Ⅱ：艾滋病病毒阳性者预防干预——病例管理

策略Ⅲ：强化感染者随访机制

策略Ⅳ：强化感染者预防与关怀机制

目标4：提高接受强化预防干预的艾滋病病毒（+）者的比例

目标5：提高接受PLWHA随访关怀的比例

目标6：提高医疗系统发现艾滋病病毒阳性者接受转介服务比例

产出5：>70%发现的艾滋病病毒（+）病者接受CD4检测、治疗及强化预防干预

产出6：现在活的艾滋病病毒者估计人数中，>50%被检测并告知

产出2：>80%艾滋病病毒检测者（包括来源于干预动员及常规医疗检测）接受结果告知

产出3：>90%艾滋病初筛阳性者（包括来源于干预动员及常规医疗）接受WB确认检测

产出4：>90%确认阳性者接受结果告知咨询

结果：降低危险行为及艾滋病病毒、梅毒及丙肝感染率

产出1：30%高危人群过去12月间接受艾滋病检测

目标1：提高干预覆盖面

目标2：降低危险行为

目标3：提高高危人群艾滋病毒检测及结果告知比例

策略Ⅰ：拓展外展干预

策略Ⅱ：提高干预质量

干预Ⅰ：高危人群干预——病例发现

总目标：降低项目地区艾滋病流行，降低高危人群的新发感染，并能过项目推动中国其他地区采取有效的艾滋病预防策略

影响：
1.降低艾滋病高危人群艾滋病毒感染率：MSM低于10%
2.降低或维持特定艾滋病新发感染

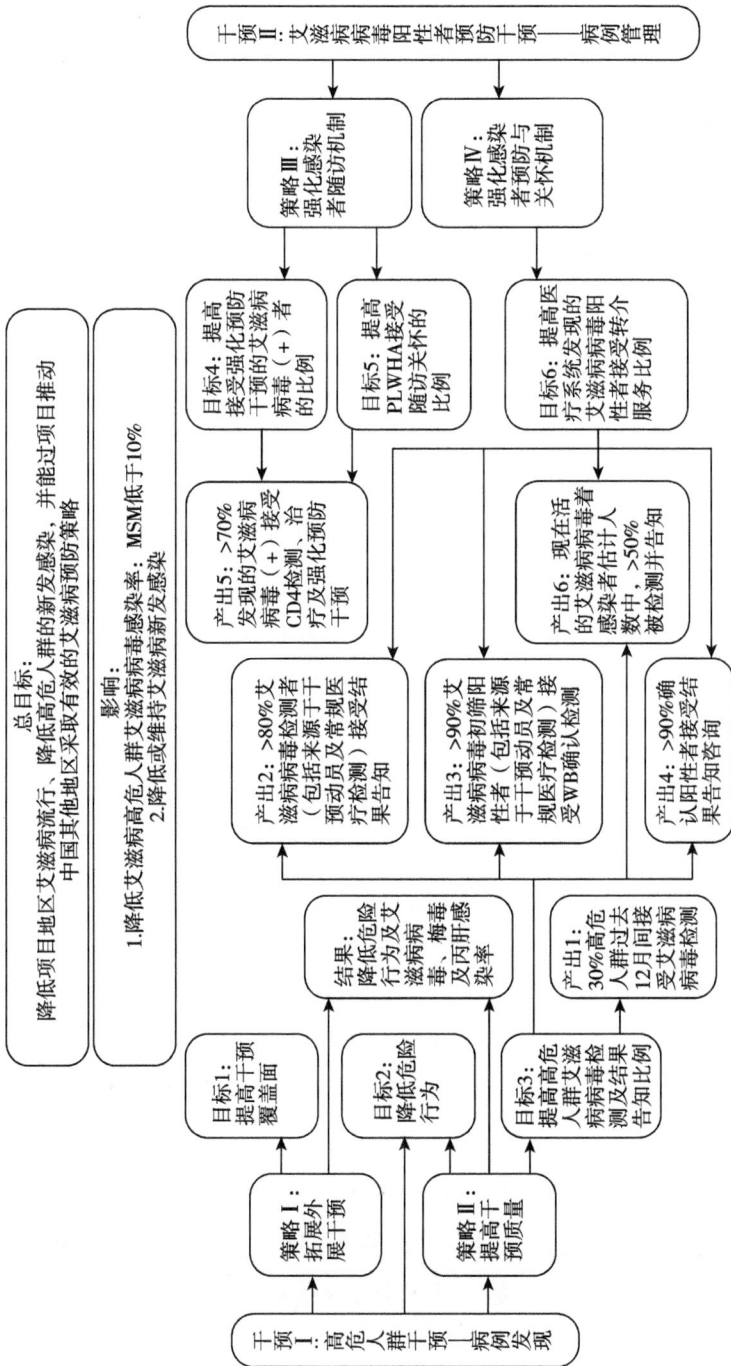

图3-2 中盖艾滋病项目策略目标与指标示意图

接下来，首先要清晰准确界定项目目标。模糊的项目目标将面临无法获取有效资金的支持、无法分解和执行以及最终失败等一系列风险。其次，先根据实际情况看是否需要将项目分为若干个子项目。如果需要，则确定子项目的目标。确定项目（子项目）目标后，需要重点考虑如何保证每个目标的可持续性。

> 如果一个目标没有可持续发展类别，便需要在设计文件中解释，否则会影响过渡。有些例外情况，例如在紧急救援项目刚开始的头几个星期，开展的活动都专注于拯救生命，没有考虑活动的可持续。不过，一旦情况准许，便应讨论可持续性和过渡等问题，并把它们放入设计当中。①

目标可以有多种分类：将总目标分为若干个具体目标（如 3 - 3 图所示）；长期目标—中期目标—短期目标的分类；成果目标、过程目标和活动目标的分类。此外，还可以将三种分类进行组合。例如中国—盖茨基金会艾滋病预防合作项目的目标分解图（图 3 - 3）。

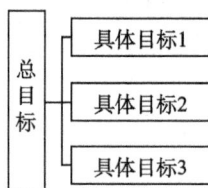

图 3 - 3　总目标 - 具体目标结构示意图

此外，项目逻辑框架还可以指更为抽象的项目因果关系图。例如下面的可持续生计模式图（图 3 - 4）。

图 3 - 4 中可持续生计模式也可以转化为第一种逻辑框架。

将项目目标转化为一系列项目逻辑框架设计时，一项重要的工作是任务分解。WBS 是"为了更便于管理，把一个项目细化、分解成不同

---

① 世界宣明会：《从问责及规划的评估中学习》，2007，第 51 页。

的组成部分"①，即把项目目标分解为多个可交付成果的过程。只有开发出详细的工作分解结构以后，才能使用其他工具进行具体的项目设计。简言之，WBS是项目设计的基础，其具体作用可以参见美国项目管理协会的"WBS的作用"。

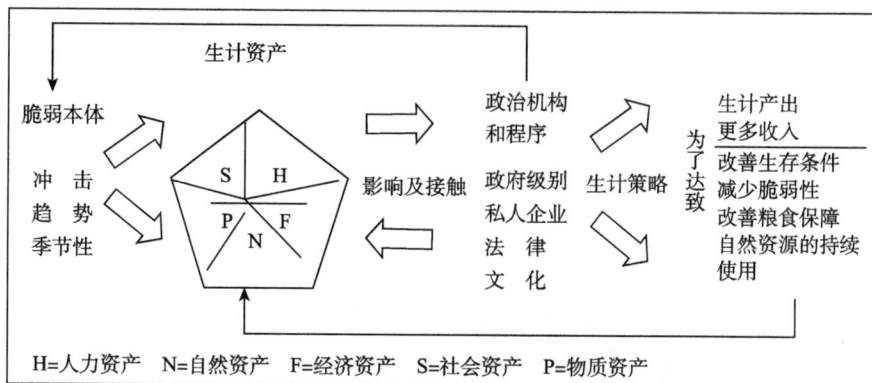

图 3 - 4　可持续生计模式逻辑框架图

资料来源：Institute of Development Studies, 2007, Livelihoods connect, Institute of Development Studies（http://www.livelihoods.org/）。转引自世界宣明会《从问责及规划的评估中学习》，2007，第129页。

WBS 的作用

WBS本身并不能保证项目的成功，但应认识到WBS的以下作用：

● 定义项目的所有工作内容，而且仅定义项目的工作内容，并澄清项目的范围。

● 体现所有项目团队成员的参与，确保一致性。

● 为以后的变更控制提供基础。

● 是其他项目管理过程的主要依据，如资源计划、成本估算、制定进度计划以及风险识别等。

● 为项目控制、绩效监控提供依据，为与各个利害关系者交流提供基础。

---

① 〔美〕项目管理协会：《工作分解结构（WBS）实施标准》（第二版），强茂山、陈平译，电子工业出版社，2008，第3页。

- 确保项目工作与责任分配矩阵和组织分解结构适当关联。
- 在《项目管理知识体系指南》（第3版）及《挣值[①]管理实践标准》等项目管理协会的其他标准中，WBS被认为是必要的计划可交付成果，支持关键的项目管理功能。

经验丰富的项目经理都知道，无论他们在项目计划和实践过程中多么成功，项目的许多方面还是有可能出现问题。而项目失败的根源往往是由于没有建立高质量的WBS或根本就没有建立WBS。[②]

按照美国项目管理协会的界定，高质量的WBS具有以下核心特征：[③]
- 是以可交付成果为导向的项目元素的集合。
- 定义了项目的范围。
- 明确工作内容，并将项目范围传达给所有的利害关系者。
- 包括项目范围所定义的100%的工作。
- 涵盖内部的、外部的，以及即将完成工作的中期可交付成果，包括项目管理。
- 在创立的分解结构中，每个分解层次上都包含有其上一级层次上的100%的工作。
- 包括工作包，有利于清晰地识别未来交付工作包所必须完成的任务。
- 提供图形、文本或表格形式的项目法范围分解结构。
- 包括以名词或形容词，而不是动词来表示的元素。
- 在层次结构中排列所有主要和次要的可交付成果。
- 每个元素都有一个编码，其无论在何种表示方式下，如图表形式或大纲形式，都清楚地代表元素的层次属性。
- 最少含有两个层次，其中至少一个层次是被分解了的。

---

① 对应英文是 earned value。——作者注。
② 〔美〕项目管理协会：《工作分解结构（WBS）实施标准》（第二版），强茂山、陈平译，电子工业出版社，2008，第14页。
③ 〔美〕项目管理协会：《工作分解结构（WBS）实施标准》（第二版），强茂山、陈平译，电子工业出版社，2008，第23～24页。

- 由将具体实施项目工作的人来创建。

- 创建时，得到了来自学科专业人士专家以及其他利益相关者（如财务和业务经理）的技术支持。

- 随着项目范围的渐进明晰而不断改进，直到完全以项目范围为基准。

- 根据项目变更情况而不断更新，保证在以项目范围为基准以后仍不断改进。

上述 WBS 的核心特征的界定非常值得非营利组织借鉴。在将非营利组织项目目标分解时，需要注意识别所有必要的子项目/活动；分解至无法再细分的具体活动，然后分别进行估算；确定所有任务的结构，并明确责任；除了非营利组织自己完成的任务，将其他任务落实到不同的利益相关者；推动详细的计划编制和文档。下面是世界宣明会使用 WBS 对修建公厕项目进行分解的例子（见图 3-5）。

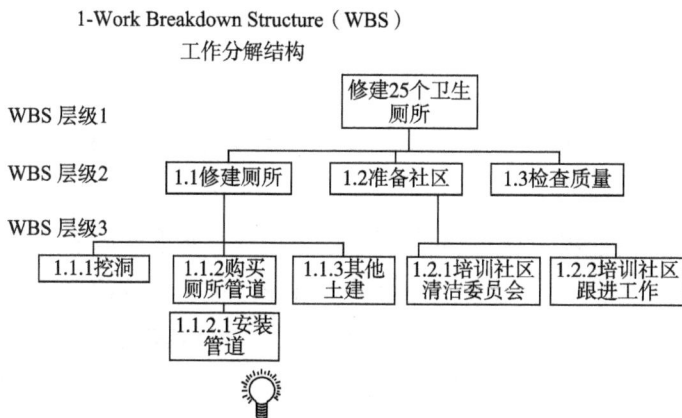

1-Work Breakdown Structure（WBS）
工作分解结构

WBS 层级1	修建25个卫生厕所
WBS 层级2	1.1修建厕所　1.2准备社区　1.3检查质量
WBS 层级3	1.1.1挖洞　1.1.2购买厕所管道　1.1.3其他土建　1.2.1培训社区清洁委员会　1.2.2培训社区跟进工作
	1.1.2.1安装管道

图 3-5 对修建公厕项目的 WBS 分解

三 建立项目管理制度

非营利组织项目的顺利实施需要一系列相关制度的支撑，因此，建立项目管理制度是项目设计的一项重要内容，具体包括项目团队、项目进度和财务管理等一系列制度设计。项目监测和督导制度也是项目管理制度的有机组成部分,但我们把与此相关的内容放在了项目风险分析部分。

1. 项目团队管理设计

项目团队是项目是否成功的重要保障。职能式团队、项目型团队以及矩阵式团队的划分在第一章已有述及,这里讨论的是制度设计。

非营利组织内部可以单独或跨部门成立项目团队,还可以跨机构或组织组成项目团队,而且后者在实践中也很常见。项目团队的制度设计包括以下内容:

(1)不论上述哪种情况,项目设计时首先需要构建的就是项目组织管理结构,并确定所有参与者的结构位置和角色。例如图 3-6 和图 3-7。

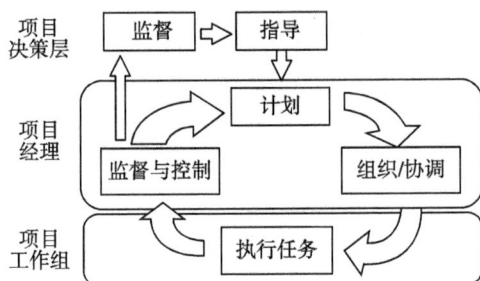

图 3-6 项目团队结构图

资料来源:北京市民政局编《社区志愿服务项目化运作与管理》(未刊稿),2015。

(2)遴选并确定胜任的项目团队负责人。负责人是项目团队的核心,是实现项目目标、联系各利益相关者的中枢。遴选的标准主要是其领导力,具有全盘把握的能力、技术专长、良好的沟通与合作能力、善于使用激励手段、值得信任、具有创造力以及丰富的项目经验等都是考量领导力的主要指标。有的非营利组织为了保证强有力地推行项目,往往采取非营利组织负责人担任项目团队负责人的做法。但有可能出现过度依赖的现象,特别是当非营利组织负责人很难抽出时间参与项目运作时,对项目运作有较大影响。如果项目团队负责人威望较低,也很难协调各方力量,从而导致项目进展迟滞。因此,需要做好项目负责人的权威与实际参与程度的平衡工作。

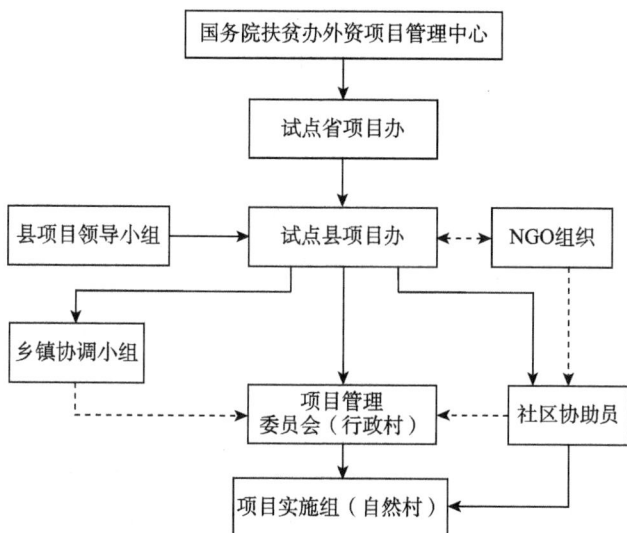

图 3 - 7 社区主导发展项目结构图

注：图中实线为直接领导或管理关系，虚线为支持或协助关系。

（3）需要考虑具备不同知识结构以及必要技能的项目团队成员之间的合理搭配。此外，有效利用兼职人员和志愿者能在很大程度上降低非营利组织项目实施的成本，还能为组织储备后续人力资源。因此，除了全职员工，非营利组织还要善于使用兼职人员和志愿者。为了最大限度地实现项目的可持续性转化，应当尽可能遵循吸纳当地人加入项目团队的原则。

（4）确定项目团队成员后，明晰各成员的分工、岗位职责、薪酬与绩效考核机制以及沟通机制。

（5）项目设计时要重点考虑团队负责人与其他团队成员之间的合作。企业项目管理中的一些经验值得参考。

项目经理与团队之间的合作关系[①]

1. 有目的的交流。合作关系需要每个员工定义项目的愿景和目标。项目经历与团队成员之间的平稳对话将创造一个一致的、广

[①] 〔美〕杰弗里 K. 宾图：《项目管理》（第 2 版），鲁耀斌、赵玲译，机械工业出版社，2012，第 106 ~ 107 页。

泛共享的观点。

2. 说"不"的权力。要让项目团队的每个成员都感到他们能够表达不赞成的观点或提出反对意见，这一点是非常重要的。允许人们表达不赞成的观点是建立伙伴关系的基石。人们可以没有争论，但不能没有说"不"的权力。

3. 共同的责任。在伙伴关系中，项目团队中的每个成员对项目的结果与当前的情况都应该负责，而不管结果良好还是存在问题。多个参与者共同承担项目，同时共同面对项目结果。

4. 绝对的诚实。伙伴关系必须是可靠的。一个互相信任的氛围有助于形成所有参与者之间的坦率与诚实。要尊重每个团队成员在项目中的作用，可以制定一个内部协议：所有信息，不论好坏，都应当是整个团队共享的信息。就像诚实是成功婚姻的基石一样，它对项目团队关系也是非常重要的。

（6）充分考虑项目团队及合作伙伴的能力建设方案。能力建设可以通过正式的培训，也可以通过非正式讨论、交流等方式开展。正式的培训需要执行可行性的计划。

（7）在沟通基础上制定合理的所有团队员工薪酬及社会保险标准，以及灵活的休假制度。

（8）在达成一致的前提下，将团队成员的具体权责以合同的方式进行落实。

2. 项目进度设计

项目进度是项目管理中至为关键的时间之轴。通过项目进度的设计，能将分解的一系列具体活动和各个团队成员进行有序整合。通过对各个节点的设计与控制，项目进度设计实质上是针对前置活动和后续活动①所

---

① "前置活动"是指"在其后面的活动启动之前必须完成的活动。与某活动直接相连的前置活动称为它的紧前活动"；"后续活动"是指"在前面的活动没有完成之前不能开始的活动。这些活动跟在前置活动的后面。与某活动直接相连的后续活动称为它的紧后活动"。参见〔美〕杰弗里 K. 宾图《项目管理》（第 2 版），鲁耀斌、赵玲译，机械工业出版社，2012，第 261 页。

进行的排序。

设计项目进度需要标明明确的最早开始时间和最晚开始时间。在分解工作任务的基础上，可以采用正推法和逆推法①进行估算。

在项目管理中最常使用的工具是甘特图。甘特图由哈维·甘特（Harvey Gantt）于 1917 年所创造。该图可以清晰地描述项目中任何一个任务开始和结束的时间，其优点在于：易创建、易读懂；能联合进度基准计划识别项目网络；允许变更，能帮助项目更好管理；能识别资源需求以及给具体任务分配资源。软件生成的甘特图还能自动计算关键路径，并识别关键活动②。各具体任务之间具有逻辑递进关系，即完成任务 A，才能继续进行任务 B。总之，甘特图可以全面评估项目实际的实施是否按计划进行。

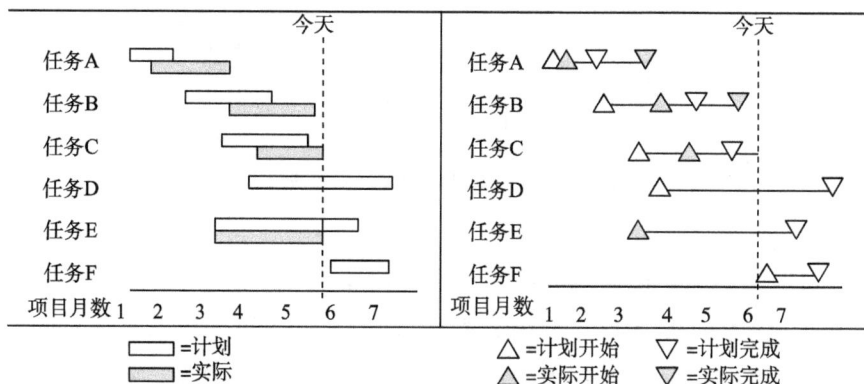

图 3-8 甘特图

资料来源：北京市民政局编《社区志愿服务项目化运作与管理》（未刊稿），2015。

例如，图 3-8 中，纵列有 A、B、C、D、E、F 五个任务，横轴标明了时间维度。左边白色长方形表示任务计划时间周期，灰色长方形表

① "正推法"是"确定每项活动最早开始时间和最早结束时间的网络计算方法。通过沿着网络逐步向前对每个活动进行计算而得到"；"逆推法"是"确定所有未完成活动的最晚开始时间和最晚结束时间的网络计算方法。通过从后往前推导得到"。参见〔美〕杰弗里 K. 宾图《项目管理》（第 2 版），鲁耀斌、赵玲译，机械工业出版社，2012，第 261 页。

② 〔美〕杰弗里 K. 宾图：《项目管理》（第 2 版），鲁耀斌、赵玲译，机械工业出版社，2012，第 290~291 页。

示实际项目操作所耗费的时间。右边则用不同颜色的三角形表示项目起止时间。当然，还可以在甘特图中添加各种任务所分配的资源以及团队成员的配置。通过非常直观的比较，项目管理者可以清楚知道某个任务的计划与实际操作之间的差距，从而进行相应调整。再例如世界宣明会提供的参考资料（见图3-9）。

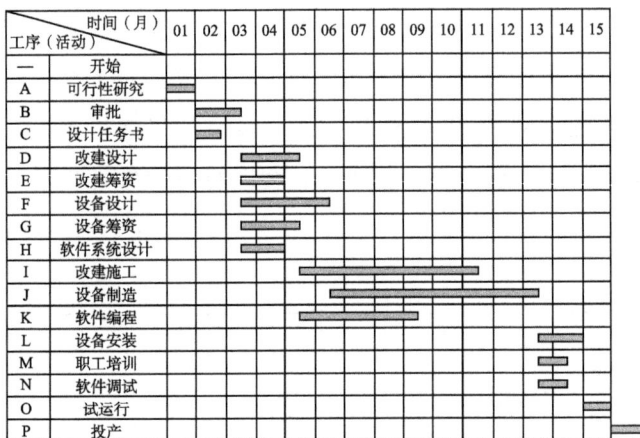

时间（月） 工序（活动）		01	02	03	04	05	06	07	08	09	10	11	12	13	14	15
—	开始															
A	可行性研究															
B	审批															
C	设计任务书															
D	改建设计															
E	改建筹资															
F	设备设计															
G	设备筹资															
H	软件系统设计															
I	改建施工															
J	设备制造															
K	软件编程															
L	设备安装															
M	职工培训															
N	软件调试															
O	试运行															
P	投产															

图3-9 项目进度管理示意图

对非营利组织的项目进度设计来说，重要的并非用简单或复杂的图标进行标注，而是要重点突出、简洁（如图3-10），以及如何在遵循具体项目规律以及风险管理的基础上设计项目的具体进度。项目进度设计要平衡三个因素，即目标人群的实际需求、资助方要求以及组织自身的能力和活动的多寡。

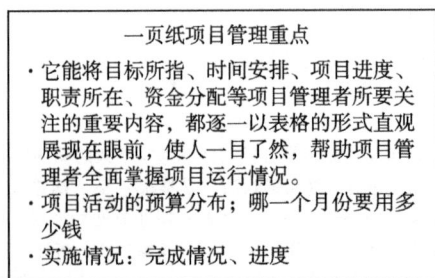

一页纸项目管理重点
· 它能将目标所指、时间安排、项目进度、职责所在、资金分配等项目管理者所要关注的重要内容，都逐一以表格的形式直观展现在眼前，使人一目了然，帮助项目管理者全面掌握项目运行情况。
· 项目活动的预算分布；哪一个月份要用多少钱
· 实施情况：完成情况、进度

图3-10 世界宣明会的一页纸项目管理重点

目标人群的实际需求差别很大，加之不同类型的非营利组织项目之间差别很大，因此具体项目的进度自然也不相同。例如，自然灾害紧急救援的项目进度设计与日常项目进度的设计肯定不同；一个倡导项目和社区生计发展项目的进度会有差异；聋儿康复训练项目和向中学生提供生殖健康讲座的项目进度也相去甚远。不论怎样设计项目进度，都不能偏离目标人群的实际需求。例如，聋儿康复训练非一个月甚至一年之功，设计进度时必须考虑到后续手段，否则会给这一群体带来伤害和失望，项目的效果也会大打折扣。

资助方往往会规定项目的周期。设计项目进度时必须充分考虑，否则将无法获得资助。但同时也要考虑资助方规定的周期是否存在不足以及应对的措施。例如，当前中国政府向非营利组织购买服务的周期往往是一年甚至更短，而且拨款较迟缓。这时，非营利组织就要规划一年以后的可持续发展，力争做到未雨绸缪。

项目进度的设计必须与组织自身能力以及活动的繁简相匹配。

总之，非营利组织项目进度设计不能仅仅强调一个因素，否则一旦开始运作，就会发现项目很难实现目标。项目进度不能设计得太紧，否则实施时将难以完成；进度也不能设计得太松，否则项目的效率将大大降低。

3. 设计财务管理制度

确定项目目标并进行工作任务分解和项目进度设计后，就可以着手进行成本核算了。尽管成本有直接成本、间接成本、一次性成本、加速成本等多种分法，但非营利组织的项目成本主要包括两部分：直接用于项目的公益支出；用于非营利组织的行政人力成本。核定了项目成本后接下来需要进行项目预算和财务管理制度等的设计（见图 3 - 11 中香港乐施会的案例）。

"制定项目预算的过程是估算、分析、直觉和重复工作的结合。预算的中心目标是支持项目和组织的目标，而不是与之产生冲突。项目预算是一个计划，该计划需确定资源分配、识别项目目标并进行进度计划

的编制，编制出的进度计划可以让组织实现目标。"① 一般说来，前期
评估所得数据越详细、可靠，项目预算就越准确。

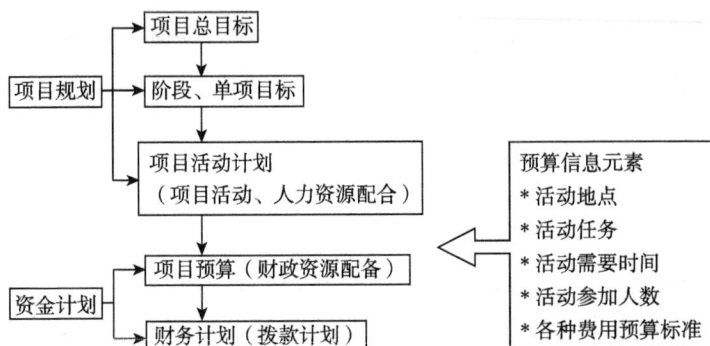

图 3 – 11　香港乐施会项目预算编制流程图

资料来源：香港乐施会：《项目手册》（中国内地项目适用），2014 年第 6 版。

香港乐施会项目预算的原则②

● 符合当地法规的要求；

● 更多的资源用于贫困地区、灾害地区、弱势人群、目标人群；

● 费用标准控制得当，成本效益也是需要考虑的因素；

● 严格控制行政费用，合理使用专家顾问费用；

● 对出现财务问题的合作伙伴的项目预算给予更加严格的控
制和审核；

● 对项目预算的合理性做全面的比较分析，如同类项目、以
往项目、同地区物价水平等，必要时可以寻求第三方意见。

成本和预算大致确定后，接下来是完成财务管理制度的设计。财务
管理制度的设计很重要，很多失败的非营利组织项目都与财务管理不善
直接相关。项目财务制度的特点③：

---

① 〔美〕杰弗里 K. 宾图：《项目管理》（第 2 版），鲁耀斌、赵玲译，机械工业出版社，
2012，第 241 页。

② 香港乐施会《项目手册》（中国内地项目适用），2014 年第 6 版。

③ 北京市民政局编《社区志愿服务项目化运作与管理》（未刊稿），2015。

- 项目独立核算：专款专用；
- 以项目预算为标准；
- 是否需要配套资金？配套资金的来源？
- 费用报销制度：哪些能报？谁签字？
- 管理制度：哪些支出需要正式发票？哪些用收据也可以？
- 超支、增项审批制度：谁审批？

（通常预算追加及重大预算调整经预算管理委员会批准）

- 人员补贴的复杂性：预算、补贴标准、工作量统计、公开透明；
- 税务问题：营业税、个人所得税；
- 剩余款项的处理[①]；
- 项目财务透明——NGO 的公信力：过程沟通、财务报告、审计与公布。

此外，非营利组织项目财务管理的设计还应当包括采购制度和询价制度等内容。为了应对项目日后实际开展过程中出现的各种不确定性，应急费用的预算也必不可少，但安排的资金比例不宜过高。

四　项目风险分析[②]

风险的分析、应对与控制非常重要，贯穿整个项目生命周期的全过程，统称为"风险管理"。这里仅阐述项目设计中的风险分析。前文已多少有些涉及，但之所以放在这里集中论述，主要是出于行文简洁的考虑。

---

① 例如，有的资助方允许受助组织将项目结余（往往不超过资金预算总额的 2% 或者 3% 的部分）留作发展基金。
② 该部分有的地方参考了〔美〕杰弗里 K. 宾图《项目管理》（第 2 版），鲁耀斌、赵玲译，机械工业出版社，2012，但按照个人对非营利组织项目风险的理解进行了修正。

表 3 - 4　世界宣明会提供的例子

风险分析			
重要假设	不发生的可能性 （高、中、低）	产生的影响 （高、中、低）	管理措施
参与学习的老师具备决定教学方法的权利			
参与老师有很高的学习意愿			
所学习到的方法可以使用在自己的学校			

项目设计中的风险分析，是指对未来项目中产生负面影响的可能性的分析、测算以及采取相应的应对措施（参见表 3 - 4 中的例子）。风险可能来自项目团队、技术手段或外部政策环境等多方面。在项目设计中，需要解决的问题是：

（1）项目可能存在的风险源是什么？其中，哪些风险可能会发生或更容易发生？

（2）风险一旦发生，将产生怎样的后果及影响？

（3）采取哪些积极必要的缓解策略能够把这些风险的负面影响降到最低？

（4）将必要的环节策略分解并以合同或管理制度等方式呈现出来，通过实践制度加以防范。

例如，项目负责人或核心骨干是否会在关键时刻离职？一旦离职将对整个项目带来哪些影响？如何采取一定的激励机制降低这种风险？等等。

一般来说，项目中的风险包括以下几类：

（1）决策的风险。前期评估成果以及再分析结果是否可靠？用于决策的信息是否完备？目标人群的需求说明是否明确、完整；项目目标是否足够明确清晰；决策者是否在决策前做足了准备工作、是否征求了各方意见并进行了有效沟通？决策的方法是否科学、合理和客观？

（2）团队冲突的风险。冲突发生在项目团队负责人和其他团队成员之间还是团队成员之间？发生冲突的原因是职责权限不明确、人际关系紧张还是激励手段不足？如果出现矛盾该如何处理？如何解决缺勤、辞职、调离、人才缺乏等问题？

（3）和资金、财务相关的风险。资金使用的规则是否可靠？成本与产出是否匹配？票据报销是否合规？实际操作中，如果开支超出预算怎么办？如何杜绝挪用资金现象；若后续筹款出现问题，如何实现项目的顺利过渡、转化和延续，等等。

（4）与项目进度相关的风险。项目进度设计是否合理？如果无法按时完成可交付的成果该如何处理？当项目因为不可抗力或人为原因而终止时又该如何解决？

（5）执行过程中的风险。合作伙伴发生变更会对项目带来一定风险。非营利组织经常会遇到这种情况。例如，当合作很愉快的政府部门的负责人调离，新上任的领导不再支持时，对项目的负面影响是显而易见的。培训如果达不到预期效果该怎么办？如果出现工作量成倍增加该如何处理？政策倡导无法按计划进行，如何变通？如何采取有效的防范措施保证自闭症儿童在开展活动时是足够安全的？

（6）法律政策环境的风险。一旦在项目实施过程中遇到相关政策变化，如灾后重建过程中行政区划出现变化，或出现法律纠纷、意外事故等情况时，均可能导致巨大的项目风险。小额信贷中如果出现呆账和坏账，或者受益人签名出现伪造时，都将面临这一风险。

（7）因文化因素所引发的潜在风险。例如，如果在藏区开展蔬菜大棚（需要打农药等）或牦牛肉深加工项目，是否会和藏族群众"不杀生"的信仰相抵牾？藏族群众的宗教信仰如何影响其财富观念？若在穆斯林地区开展小额信贷，当地民众如何理解"资金占用费/利差"？

在前期评估过程中，通过访谈、问卷、头脑风暴法或专家建议法等方法就可以识别项目风险，在项目设计中需要在大致识别的基础上进行精确性更高的分析并形成风险防控的一系列制度。

德尔菲法（Delphi Method），又称专家规定程序调查法，由 O. 赫尔姆和 N. 达尔克于 20 世纪 40 年代所首创，该方法主要是由调查者按既定程序，以邮件或其他背靠背方式分别向多位具有相关丰富经验的专家进行征询。专家成员之间互不联系，只能单向向调查人员反馈意见。经过几次反复征询和反馈，集结专家成员的意见，最后获得具有较高共识的"集体智慧结晶"。除了这些方式，德尔菲法有时也可以通过召开专家开会，通过多轮打分最后形成对某些问题非常聚焦的结论。

项目风险因素分析完成之后，接下来需要对潜在风险进行排序，以便在项目设计时就能集中精力处理负面影响最大以及较大的风险。我们可以采取下面的表、图或其他更为灵活多样的方式进行排序处理（见表 3 - 5 和图 3 - 12）。

表 3 - 5　项目风险分类

风险因素	后果	可能性	负面影响
项目负责人或骨干辞职	高	中	中
与合作伙伴之间产生矛盾	高	低	大
超支	中	低	小
目标群体的需求估算不充分	高	中	大

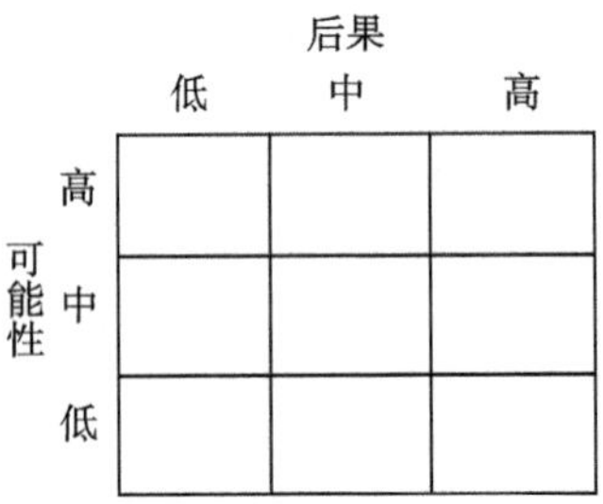

图 3 - 12　风险影响矩阵

当完成潜在风险因素的排序之后，就可以按照风险概率大小的顺序制订相应的风险计划，以保证整个项目周期不受影响。应对风险的方式通常包括以下几方面：

（1）尽可能在集思广益的基础上进行科学决策。

（2）最小化风险、与合作伙伴分担风险以及转移风险等策略。例如，当具体活动设计时发现有多个风险无法避免，应当在无伤害原则的基础上采取最小化的风险。再例如，在采购物资时，可以通过合同约定进行风险转移。

（3）合同的约束与激励。无论项目团队的人力资源管理还是对合作伙伴责任的强调，不仅能明确各方权责，避免冲突，还可以通过合同降低或消除其他潜在风险。通过合同方式规定的激励措施更能保证团队成员和合作伙伴保持高昂士气。

（4）建立卓有成效的培训项目团队成员的方案。交叉训练（cross-training）的方法能使项目团队成员具有在无法预料的情况下临时替补其他人的能力。交叉训练不仅要求项目团队成员学习与自己职责相关的内容，同时还要学习其他团队成员负责的内容。这样，即使一个团队成员调离该团队的时间超过了预期，该项目团队的其他成员也能填补空缺，这样就减轻了由于项目计划被打乱而带来的时间损失。[①]

（5）建立健全相关财务管理制度，并长远考虑项目结束之后用于项目过渡、转化和延续的后续资金。

（6）应急储备金也是缓解风险的常用方法之一。

（7）强化进度管理。

（8）设计监测制度。监测是通过对项目重要指标进行定期或不定期测量以保证整个项目顺利进行的动态的活动及过程。项目监测设计包括以下内容：①确定监测的核心指标。监测往往在基线调查之后开展，因为基线调查后项目的核心指标才可以确定下来；②确定监测主体。一般而言，监测任务可由非营利组织内的监测部门独立承担，也可以采取监测部门和项目实操团队共同组成监测小组或其他多种方式。无论采取什么形式，在项目设计时最好把监测主体确定下来；③确定监测的方法

---

① 〔美〕杰弗里 K. 宾图：《项目管理》（第 2 版），鲁耀斌、赵玲译，机械工业出版社，2012，第 211 页。

和频率；④围绕不同指标体系及项目目标，制定监测表；⑤每次监测活动结束后需完成监测报告，并将监测结果反馈项目团队以及合作伙伴。

（9）设计项目督导制度。项目团队中往往有一些新员工或志愿者等参与，如果其经验不足将给项目带来很大风险。为了降低项目风险、提高项目质量，同时提升新员工以及志愿者等的能力，使之尽快适应新的角色和融入新团队，督导就成为一种很有效的方法。督导是由机构中的资深工作者对新员工以及一线员工、实习生以及志愿者通过定期和持续的监督、指导、传授专业知识技能，促进其成长并确保服务质量的活动。

社会工作中的督导

督导可以分为行政性督导、教育性督导以及支持性督导。

行政性督导的内容包括：新员工的招募与选择、安置与引导、工作计划与分配、工作授权、协调与沟通、工作督导、总结与评估。行政督导关注组织管理的障碍，强调组织效率。督导者扮演缓冲器、倡导者、机构变迁推动人等多种角色，其权力源于督导的地位以及奖赏及惩罚能力。

教育性督导的内容包括：教授有关"目标人群"的特殊知识；传授关于"社会服务机构"的知识；传递有关"社会问题"的知识；教授有关"工作过程"的知识；传授有关"非营利组织工作者本身"的知识；提供专业性"建议和咨询"。教育性督导聚焦于被督导者知识与技能上的不足，由资深工作者提供工作所需的知识和技能，强调员工的称职和胜任力。

支持性督导的内容有：协助被督导者适应和处理服务工作中所带来的挫折、不满、失望、焦虑等各种情绪，增强被督导者的自我功能；给予关怀和支持，让被督导者在工作中有安全感并愿意尝试新工作；协助被督导者发现工作成效并能自我欣赏、激发被督导者的工作情绪和士气，并对服务机构逐渐产生认同感和归属感；给予被督导者从事专业的满足感和价值感，促进其对专业的认同，进而愿意持续投身社会服务工作。支持性督导解决的目标是员工情感上的障碍，提供心理方面和个别关系方面的支持，促使被督导者动员个人力量达成良好的工作表现。

从方法上来说，督导可以分为个别督导、团体督导等；从对象上来说，可以分为同事督导、志愿者督导等。

（10）在项目设计时尽可能提高对目标人群文化的敏锐性，最好能对当地文化系统进行简要分析，尤其需要注意当地文化系统中与禁忌相关的部分。

项目的风险分析结束之后，接下来需要对各种风险进行分类，并建立独立的文档化系统。表3-6是一个被某些组织应用的风险管理报告的简单形式。将这些报告全部打印后存档，以方便日后调用。同样，项目的任何变更也需要分类记录并文档化，例如表3-7。

表 3-6 风险管理报告示例

服务对象：＿＿＿＿＿＿＿＿＿＿＿ 项目名称：＿＿＿＿＿＿＿＿＿
预算：＿＿＿＿＿＿＿＿＿＿＿＿＿ 项目团队：＿＿＿＿＿＿＿＿＿
风险描述：＿＿＿＿＿＿＿＿＿＿＿＿＿＿＿＿＿＿＿＿＿＿＿＿＿
风险分析：＿＿＿＿＿＿＿＿＿＿＿ 风险因素：＿＿＿＿＿＿＿＿＿
讨论：＿＿＿＿＿＿＿＿＿＿＿＿＿＿＿＿＿＿＿＿＿＿＿＿＿＿＿＿
减小风险计划：＿＿＿＿＿＿＿＿＿＿＿＿＿＿＿＿＿＿＿＿＿＿＿＿
计划提出者：＿＿＿＿＿＿＿＿＿＿＿＿＿＿＿＿＿＿＿＿＿＿＿＿＿
下次风险分析时间：＿＿＿＿＿＿＿＿＿＿＿＿＿＿＿＿＿＿＿＿＿＿
预期结果：＿＿＿＿＿＿＿＿＿＿＿＿＿＿＿＿＿＿＿＿＿＿＿＿＿＿

资料来源：〔美〕杰弗里 K. 宾图：《项目管理》（第2版），鲁耀斌、赵玲译，机械工业出版社，2012，第212页。

表 3-7 调整项目计划的突发事件文档

可能事件	计划调整
缺勤	

续表

可能事件	计划调整
辞职	
人员调动	
难以获得的人员或技术	
标准变更	
增加的工作量	
需要更多的培训	
合作方延误	

资料来源：〔美〕杰弗里 K. 宾图：《项目管理》（第 2 版），鲁耀斌、赵玲译，机械工业出版社，2012，第 212 页。

五　建立项目评估相关的规定

如果将所有涉及评价的活动都称为评估，那么监测也是其中的组成部分。但这里所讲的并非广义的评价活动，而是指狭义的、专业性项目评估。在项目设计中，评估相关的规定应占有一席之地，主要包括：①项目是否需要开展中期评估；终期评估由组织内部还是外部专家团队实施；②开展评估的时间表；③评估的经费预算；④评估报告的应用方式。

六　将项目设计转化为文本

非营利组织的项目设计最终要转化为文本。文本可以叫"项目申请书""项目建议书""项目实施方案"或"研究合同"等[1]。不管叫什么，建议项目文本包含以下内容：

1. 项目名称等信息

项目名称在文本封面就可以呈现出来。项目名称中一定要出现项目

---

[1]　招标书包括招标一览表（投标人名称/公章；招标编号/包号；项目名称；项目编号；投标保证金；服务截止时间；投标说明等）；技术条款偏离表；商务条款偏离表；法定代表人身份证明书；投标单位介绍及详细技术方案等内容。除非很特定的情形，非营利组织一般很少采用这种方式申请项目。

拟开展的地点或区域、聚焦人群以及服务主题等核心成分。有些草根组织，尤其是高校学生社团在申请项目时，喜欢取一些文学化的项目名称，如"赠人玫瑰、手留余香""迟来的爱""洗礼·蜕变"等，这样做并非不可以，但切忌为了新意而丢了项目名称的核心成分。除了项目名称，封面还应包括项目设计组织名称、设计完成时间等。

2. 项目基本信息简介

先简短介绍项目主要解决的问题，然后是项目发起者及合作伙伴简介（机构性质，包括组织宗旨/使命、登记注册方式、资金来源等），项目资金总额、项目起止时间、项目实施地点及基本情况、直接和间接的项目受益人群等。

3. 项目背景、项目目标、项目策略以及工作内容

（1）针对着重要解决的问题，简洁、清晰地描述项目目标，包括项目总目标和子项目以及具体活动的具体目标。

（2）项目策略和工作手法。

（3）围绕项目活动和产出，制定定性和定量指标，并附带简要说明。

（4）描述项目对社会性别、公众教育、赋权、参与等横切焦点的潜在影响。

（5）项目的合规性说明。

4. 项目管理机构等相关基本信息

（1）为了增进合作伙伴以及目标群体的理解，项目设计书最好用图的方式直观展示项目组织架构。如果是一个复杂的、覆盖多个行政层级的大型项目或项目群，需要尽可能详细予以呈现。

（2）项目管理机构内部设置及其职能。

（3）项目团队的组成，项目负责人和核心成员的履历与专长。

（4）工作沟通机制，主要包括正式沟通机制，如工作例会、简报、电话会议等。

（5）文档管理。

5. 时间进度

6. 财务管理

（1）账户的设立及其管理要求。

（2）财务人员岗位职责。

（3）经费使用要求，如审批、支付、核查、授权、报销制度、采购及询价制度、固定资产管理、资金拨付方式、审计要求。

（4）经费支出科目的具体分类、用途、标准、数量与预算编制。

（5）是否有配套资金？若有，则需要标明其具体使用途径及问责方式。

（6）资金在什么条件下以及何时可以调整？调整的幅度控制在多高比例？资金调整批复的流程是什么？谁可以决定？

7. 风险分析

（1）潜在的项目风险分类及风险高低排序。

（2）计划的因应对策。

8. 项目的可持续性说明

9. 监测、督导、评估

（1）监测主体、重点监测指标、信息搜集方式、频次、如何反馈及跟进监测结果。

（2）督导主体、内容、方式（正式谈话、培训、业务指导、非正式会谈等）、频次等。

（3）评估团队（组织内部团队、外部专家还是混合式团队）、评估方法、评估指标、评估时间、评估报告提交时间以及评估结果转化等。

（4）投诉机制及联系方式等。

10. 附录

项目设计中一些重要的或篇幅较长的模板、表格，如项目流程、监测督导表格、预算表等都可以放在附录部分。

七 设计过程之反思

项目设计文本完成之后，应当对整个设计过程进行反思，查找不足。表3-8是世界宣明会关于项目设计的反思摘要，仅供参考。

表 3 - 8 世界宣明会项目设计的反思摘要

设计/再设计的反思主题	• 伙伴权力分析是否完整——设计的角色和责任 • 项目/子项目逻辑 • 目标、风险和类增策略分析 • 可持续发展的模式——特别是关乎促进良好管治和充权 • 这个阶段的监测和评估计划过程是否完整 • 设定指标 • 项目设计是否跟宣明会全球中心、亚太区办事处及中国办策略一致 • 谁参与了设计过程，过程是怎样的 • 鉴于捐助者有种种要求和限制，伙伴能维护项目完整性的程度
资料来源	• 年终报告/回顾 • 前期评估报告，包括伙伴权力分析 • 评估报告 • 设计过程笔记 • 其他机构的报告和研究
何时反思	• 在设计过程之前及进行期间
采用什么方式	• 行动学习和小组会议 • 项目人员经常做记录 • 与设计小组一同检讨 • 与伙伴和地方机构的讨论与合作
反思的产物	• 设计文件 • 记录 • 笔录学习计划和学习协议

资料来源：世界宣明会：《从问责及规划的评估中学习》，2007，第 55～56 页。

八 征求利益相关者意见后交决策者确认

项目设计者反思之后，为了保证利益相关者的知情权以及在知晓基础上顺利推进项目的实施，有必要就项目设计文本征求利益相关者的意见。最终达成共识后，提交项目决策者/部门审定批准。从这个意义上来说，这是项目设计的最后一个环节。

第三节 其他类型项目的设计

前面提到，非紧急状态下的实操型项目最为普遍，本节将要探讨的非紧急状态下的资助型项目、紧急状态下的实操型项目以及紧急状态下的资助型项目的设计均以其为原型。

一 非紧急状态下资助型项目设计

非紧急状态下的资助型项目大致可以分为两类：实操型非营利组织往往会选择不同的合作伙伴作为资助对象，类似于小范围的定向捐赠；另外一种资助型项目主要指资助型基金会向其他类型的非营利组织开展的招投标项目。

随着中国一些基金会的转型，将会出现越来越多的资助型基金会。通过公益项目招投标，基金会不仅能够通过"散财"在一定程度上打通和衔接上下游非营利组织公益链，从而壮大公益事业；还能通过网络聚合形成裂变效应，进而快速传播组织使命、扩大品牌影响力，以实现组织自身的良性循环发展。因此，对那些公众募款的资助型基金会来说，资助是一项多赢的事。但是，基金会的资助方式非常灵活，资助型项目的设计很难一概而论。例如，有的基金会通过一些非正式场合的交流就可以很快确定资助对象；有的只尊重捐款人意愿，而没有让资助对象参与项目设计；有的则认为，自己所在的非营利组织已经有了较成熟的招投标管理，按照文本做就可以了，因而不需要再开展所谓的项目设计；有的基金会对资助对象的评估比较随意，等等。在此情况下我们很难就风格迥异的基金会提供可资借鉴的项目设计流程。因此，我们只能就资助型基金会的公益项目招投标进行简要陈述。

上述两类非紧急状态下的资助型项目虽有差别，但也有很多共同点。例如，针对合作伙伴、资助对象的评估和再分析都很重要，风险分析所占比重很高，合同管理要求很高等。两类项目设计的主要内容有：

（1）资助领域的选择上，只要符合资助方的宗旨使命和发展战略即可。

（2）资助的战略，即项目目标的设计。这一点需要认真思考，否则资金的效益将大打折扣。有的基金会选择资助组织能力建设，有的直接资助项目，有的则资助组织中的个人，例如南都基金会的银杏伙伴计划。也有同时资助项目和组织能力建设者。无论资助组织、项目还是个人，一定要注意组织—项目—员工三位一体之间的逻辑转换，否则资金使用的效果无法最大化，甚至还有可能造成顾此失彼。

（3）潜在合作伙伴遴选。这包括遴选合作伙伴的程序（例如设计招投标程序及相关文书），以及对合作伙伴的内部治理、项目操作能力、权力网络以及之前实施过的项目进行全面评估等。

招投标程序设计（建议）

- 确定资助目的、资助领域、资助方式、资助条件、资金额度；
- 确定申请书格式/招标文书并建立评审/评标委员会；
- 发布和传播信息，并通过不同方式（竞标、邀标还是竞争性谈判）与潜在合作伙伴接触。为提高申请书质量，若有可能，可以提供与申请相关的培训；
- 谈判/评审、结果公示；
- 申请书修改、签订合同；
- 监测；
- 评估及结果转化；
- 反思并进入下一轮资助。

（4）风险分析与合同管理。资助型项目比实操型项目风险要大，因为只能透过"监测合作伙伴"这一环节实现项目目标，而合作伙伴易出现预算变动、能力不足、员工流动、项目延期等各种问题。因此，要通过与权责、财务、任务指标相关的合同尽可能规避。此外，在项目设计中还要强化通过能力建设、定期沟通、监测等方式降低风险等内容。

（5）确定未来评估的类型，以及评估结果的使用与转化。

（6）形成资助关系项目操作指引手册或公益项目招投标操作手册。

二 紧急状态下实操型项目设计

紧急状态下实操型项目设计可以仿照非紧急状态下实操型项目设计

的流程。但需要注意的是，在紧急状态下，项目设计无法按照完备的项目设计流程去做。而且，有些流程已不再适用。例如，前期评估与再分析可以合二为一；逻辑框架及工作分解结构、风险分析、设计过程之反思等程序可以大大压缩。因此，要尽可能简化、压缩。总之，紧急状态下实操型项目设计应当本着"迅速、有效"的原则来进行。例如世界宣明会紧急状态下设计的评估流程①：

一、目的

调查灾区的灾情，了解灾民的需要；迅速回应，并对灾民需要有相应的行动建议。

二、勘察灾情

1. 勘前准备。接到灾情信息后，迅速回应，救灾同工应与救灾部领导讨论回应的可行性，如回应先联系好对口单位，一般通过省、市/或县的民政单位安排时间、交通及住宿。其次有效地组织好一支救援队伍，尽可能第一时间赶到灾区。勘灾时，争取在所属办公室带备手机、数码相机和读卡器等相关联系工具和拍摄器材，并邀请传讯人员参加，以便利在灾区报道灾情。在勘灾之前准备好儿童欢乐包及花名册（样本）。

2. 救灾会议。到达灾区后，尽快与当地民政部门举行会议，内容如下：介绍宣明会在中国的工作；代表宣明会表达对灾区的慰问与关注；了解灾情概况和目前灾情最新情况；了解政府目前开展的工作和最需要解决的问题；了解其他外援机构到达和援助的情况；索取省、市、县与乡的灾情报告；尽量在离开灾区前拿到政府以表格形式显示灾情的资料；收集最新的数据；征求民政部门的意见，并立刻选择受灾最重和最贫困的灾区进行实地勘察。

三、实地勘察

1. 用最短的时间完成勘灾工作，包括：进入灾情严重的灾区，

---

① 世界宣明会：《勘察及评估灾情》，2008。

调查灾情，慰问灾民，了解灾民的第一需要和实际困难；拍摄时，注意抓拍灾民在灾后的表情和灾区毁坏的程度，特别是老人和小孩的生活情况。

2. 以村为单位收集以下资料：人口、户数；人均收入、人均口粮；受灾状况；政府投入救灾物资的状况；其他机构投入的状况；在可能的时候与其他 NGO 联系了解它们的回应计划；灾区最急切的需要。

3. 通过家庭访问，评估灾民的受灾程度和自救能力，直接与灾民对话，包括：被访者的姓名；人口及家庭成员的年龄；年均收入及来源；受灾情况及程度；政府和其他单位援助的情况；负债及缺粮情况；最急切的需要。

4. 勘察后评估灾情，并作出结论：是否开展救援工作；开展的规模、地点、金额、物资（应在当地调查宣明会意向捐赠物资的价格）及时间等。

5. 争取在灾区利用现有条件，把与灾情有关的照片、录像和灾情报告快速传送中国办事处，以便宣明会资助办及时了解灾情。

四、注意事项

勘灾小组应立刻把结论汇报中国办事处救灾部报批；保持低调，未经授权不能作出如何承诺，以免误导对方，失信于人；在勘灾时应考虑安排有人接受传媒的访问（注意机构性质、宣明会的回应过程、宣明会的资金投入等问题）；勘灾后，尽快向当地政府表明宣明会的取向。

另外，宣明会对勘灾中的拍照作出如下规定：1. 人物主要以孩子、老人为主，表现出灾后人物的愁容、情绪、创伤等情况以及灾民与宣明会同工谈话的情景；2. 灾情指标（如水位、雪深、地裂等），灾后物资缺乏（如破旧衣服、缺粮等现状）房屋倒塌，农田受影响，牲畜死亡等情况。

世界宣明会在紧急状态下的项目设计经验是："紧急救援项目的时

间表，从评估到草拟设计，以至实施救援活动，全部都在灾害发生后的第一个星期内完成。因为评估和决定都是迅速的。所以，要确认伙伴并在评估和设计阶段确立双方的合作关系是不容易的。灾后四个星期之内要继续进行更加全面的评估和设计工作。"①

尽管不少人认为在紧急状态下很难进行项目设计，但以下内容在设计中必不可少：信息搜集的同时启动灾害响应机制（如何成立紧急救援项目团队、组织内部的协调及权责划分、如何使用应急储备金、是否成立紧急评估小组、是否赴现场评估、风险等）——紧急评估基础上确定项目（子项目）目标——任务分解——项目管理制度设计——风险分析——生成报告。

有救灾宗旨和业务的非营利组织一旦建成系统的紧急响应程序，项目设计就可以而且应当遵照该程序完成，尽管灾害现场的需求有很大差别。转入灾后重建阶段后，项目设计流程几乎与非紧急状态下项目设计一样，不过要尽量凸显灾害视角。

三　紧急状态下资助型项目设计

在紧急状态下的资助型项目设计的内容包括：①成立灾害回应小组；②资助型非营利组织如何尽快对当地潜在的伙伴以及外地来的机构进行全面评估，了解需求，确定资助原则、资助方式、资金额度、资助标准等；③设计程序遴选符合组织宗旨使命和发展战略的伙伴；④与合作伙伴商量资助项目，分析风险，然后在项目方案基础上设计合同（包括进度管理、财务管理、监测指标、沟通机制、信息传播等）；⑤项目审批；⑥监测评估；⑦成果转化。

例如，南都公益基金会的灾害响应机制分为以下五个步骤：①成立救灾小组；②灾情评估；③制订行动计划，包括制定预算，人力投入，时间表（1~7 天：发布招标信息、开通绿色审批通道、开始审批紧急救援项目，7 天后：进行实地考察、逐步开始过渡安置期项目资助，3

---

① 世界宣明会:《从问责及规划的评估中学习》，2007，第 55 页。

个月后：开始考虑灾后重建类项目支持），沟通机制（1~7 天：每天至少一次邮件通报或面对面沟通，7~30 天：每周一次内部沟通，30 天以后：每月一次沟通），信息传播等；④行动，包括伙伴关系、发布资助信息、财务安排、实地考察等；⑤项目审批。①

总之，项目设计是在前期评估基础上进行再分析，并提出系统解决问题方案的过程。不论何种类型的非营利组织项目设计，均需要遵循需求再分析—项目目标—任务分解及指标化—制度设计（项目团队、进度、财务等）—风险分析—监测、督导、评估设计—形成文本的程序。紧急状态下的项目设计在此基础上有所变化。

一个好的项目设计不仅有着清晰并可行的项目目标，还有逻辑关联的指标体系、缜密的制度设计以及横切焦点贯穿整个设计思路。一旦完成客观、周详的项目设计，接下来的工作就会以此为"行动纲领"而开展了。

---

① 《南都公益基金会灾害救援和灾后重建项目手册》，2013 年 12 月，第 2~3 页。

第四章

实施、监测与督导

项目设计完毕并经批准或资助方同意之后，就可以进入项目实施阶段了。一个好的项目设计可以引导项目正确实施。但再好的项目设计并不能避免项目实施中出现偏差，因此，为了在降低风险的同时保证项目沿着正确的路径行进，在项目实施过程中有必要辅之以持续的监测和督导。监测是为了确保项目投入、进展、产出按预期实现，而依据项目指标进行数据分析以及综合评价的活动；督导则是对新员工以及一线员工、实习生以及志愿者通过定期和持续的监督、指导、传授专业知识技能，促进其成长并确保项目质量的活动。通过这两个环节，可以在很大程度上实现行动—学习—行动—再学习的可持续发展，进而推动组织能力的提升。

监测和督导是项目实施的组成部分，但并非其全部内容。因此，这里论述的"实施"包括除监测和督导以外的一些内容。非营利组织的项目实施千差万别，这里只是介绍可参考的步骤和一些可能遇到的情况。

第一节　项目实施

项目实施伊始，首先要举行项目启动仪式并向项目点的目标人群介绍自己的机构和任务。在前期评估阶段，为了不招致潜在项目点的过高期望，一般不会大规模宣传。但经过项目论证确定后，就可以正式启动项目了。介绍的内容包括：

（1）组织基本情况及任务。具体包括：组织基本情况（性质、使命等）；在此地开展工作的目的；项目资金来源。

（2）项目介绍。拟解决的社会问题；为什么选择这些社会问题作为项目目标；工作周期及进度的大致安排；工作计划；工作手法；受益者是谁？非营利组织能提供什么？当地人能做什么、应该做什么？如何参与到项目中去？参与的好处是什么？

（3）包括当地政府在内的合作伙伴介绍。简要介绍合作伙伴的角色、任务、责任以及合作方式等；

（4）其他事项。回答目标人群的提问；留给他们项目团队的联系方式等。

这种介绍其实也是项目动员大会，因此要保证目标人群的积极参与，从而实现项目较高的知晓率。如果需要在项目点设立办公室，接下来就可以和合作伙伴以及目标群体商量如何尽快解决。如果不涉及这一问题，就直接进入组建项目团队和招募人员阶段。首先，要保证核心人力资源到位。项目团队的组建一旦需要跨部门合作，就会涉及组织内部人员职位变更。很多时候，项目团队核心成员由前期评估成员组成，这样能在很大程度上保证整个项目的延续性。招募的人员也可能是全职雇员，也可能是兼职员工、志愿者或司机、保洁等合同工。不论招聘哪类人员，都要遵循本地人优先以及签订规范的劳动合同等基本原则。另外，我们知道，以社区骨干为核心成立本地组织是项目可持续发展的最好方式之一。因此，要尽可能发现并动员项目点有能力的积极分子参与项目，参与的身份可以是雇员或志愿者。组建团队后，对新员工和志愿者的督导工作就应当及时跟进。我们在后面的督导部分将详细介绍。

动员工作以及项目团队组建完成后，需要开展基线调查。基线调查是为了清晰确定项目指标体系，取得前测值，为接下来的监测工作和评估奠定基础。基线调查最好在项目实施初期尽快完成。例如，世界宣明会规定："长期项目必须在项目实施一年之内为项目/子项目设计文件内所有的指标建立基础线。项目期若少于 18 个月，则基础线要在三个月内完成。完成之后，才能制定监测和评估设计

的最后版本。"① 如果前期评估和项目设计阶段搜集到的数据足以制定
基线数据，或者在实施过程中没有新的指标加进来，那么就不用再进行
基线调查了。

项目开始实施时，要保证项目资金及时到位。如果有政府或合作伙
伴的配套资金，要进行实时风险监测和管理，以避免拖延甚至食言等问
题。例如，某非营利组织曾在西南某少数民族地区修路，起初政府答应
出配套资金，该机构于是找了施工队，并发动村民投工投劳开始修路。
当该机构筹集的资金耗尽，政府部门配套资金却迟迟不能兑现，最后被
迫停工。雨季过后，原来修的路基被冲毁，前功尽弃。另外，要对成本
实施动态监测管理，尽量使活动与预算匹配。

项目实施需要策划和开展一系列活动。要注意活动的意义指向以及
和其他活动之间的逻辑关联。例如，给高危人群普及了艾滋病防治相关
知识后，并不意味着他们不再有高危行为；给村民培训过种植或养殖技术
后，并不能保证他们都能熟练掌握，因此，必须考虑活动前后的逻辑递进
关系。只有如此，每个活动才能像投下去的围棋子，发挥其积极作用。

要高度重视项目实施过程中的风险管理。实践中，设计再好的项目
也会发生变化，甚至项目目标发生改变。例如，达成的协议往往会因为
干部任免等政策问题而无法遵照执行；因不可抗力等导致的项目中断；
等等。因此，项目监测非常重要。

此外，要提高项目团队在学习和反思基础上的行动能力。试错速度
越快，项目团队的成长就越快。

第二节　项目监测

一　什么是项目监测

项目监测是指，在定性和定量方法搜集项目信息并进行系统数据分
析的基础上，将设计的项目与实际开展的项目进行持续对照，以确保资

① 世界宣明会:《从问责及规划的评估中学习》，2007，第 59 页。

金的有效使用、项目进度如期进行以及项目产出顺利实现的一系列活动和过程。

监测的主要内容包括项目（子项目）的指标以及财务管理、进度管理、人力资源等各个环节。

监测工作的实施主体主要有以下三种：实施项目的团队在工作过程中进行监测；非营利组织内设的监测部门实施监测；由项目团队和非营利组织专门负责监测的人员或监事等组成的混合监测团队开展监测工作。较为常见的是第一种监测方式，毕竟项目团队成员最了解项目的实施细节。第二种方式多出现在大型非营利组织中。第三种监测方式组织实施的成本较高，监测频率也较低。需要提醒的是，目标人群可以而且应当适度参与到监测工作中来。不论他们参与的深浅程度，都有必要通过一定的途径让他们了解到监测结果的主要内容。此外，项目团队陪同捐赠人探访也是一种监测方式。

二 为什么要对项目进行监测？

首先，项目监测可以通过检查项目的阶段性实施与项目设计方案之间是否一致来保障项目的低风险运行，尽早发现问题并提出解决方案，从而提高有限资源的利用率、保证项目在较高水准上运作。如果实施过程中，设计方案中的一些指标确实需要修改和调整，则需要根据当地实际情况给予准确、清晰的说明。这种修改和调整不仅能使项目少走弯路，还将有利于整个项目团队乃至非营利组织的反思、学习和进步。例如，世界宣明会所提供的项目阶段性目标、指标及监控要点的例子（参见图 4-1 和图 4-2）。

再例如，在图 4-3 中，中盖艾滋病项目的监测结果显示，吸毒人群使用了前期总投入 33.5% 的资源，发现的阳性感染者或患者数量占总检出量的 17.5%；检测性服务工作者所花费的资源占到总资源的近 1/3（31.3%），阳性感染者或患者的检出量却仅占到总检出量的 3.4%；男男人群的检测费用占资金总额的 35.3%，但在该人群中发现的阳性感染者或患者在总检出量中所占比重最高，达 79.1%。由此可见，男男人群的投入产出比最高。正是根据这一监测结果，盖茨基金会及时调整项目战略方向，将中国的艾滋病防治经费重点投放男男人群，从而产生了很好的项目效果。

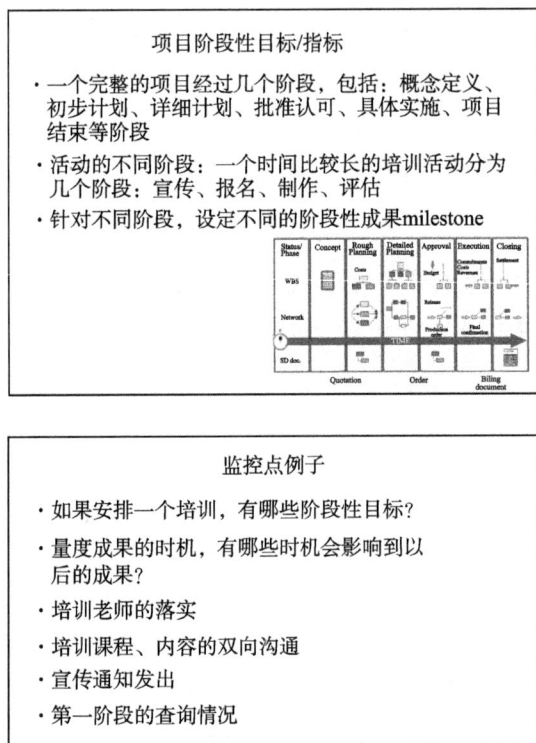

图4-1　世界宣明会的阶段性监测例子

世界宣明会提出，监测可以通过回答以下问题来判断活动的效率及产出的一致性：

（1）实际的项目活动是否就是在项目设计或实施计划里面提及的？

（2）项目支出是否与预算相符？如不相符，是什么项目元素超出或未达预算？

（3）有没有证据显示中短期的效益可以带来长远影响？

（4）特定的投入和服务是否如设计所述，有（甚至准时）送到那些最受影响的人当中？

```
┌─────────────────────────────────────┐
│               监控点                 │
│ · 阶段性目标就是指最影响以后成果的时间，│
│   是最合适量度成果的时机             │
│ · 把阶段性的目标作为监控的目标        │
│ · 这个阶段性目标的发生时间就是监控点  │
└─────────────────────────────────────┘
```

```
┌─────────────────────────────────────┐
│             项目阶段的例子           │
│ · 乡村工作者培养项目                 │
│ · 筹备与招募部分                     │
│ · 培训安排                           │
│ · 中期参观、访问、交流               │
│ · 结业考核                           │
│ · 陪伴成长                           │
└─────────────────────────────────────┘
```

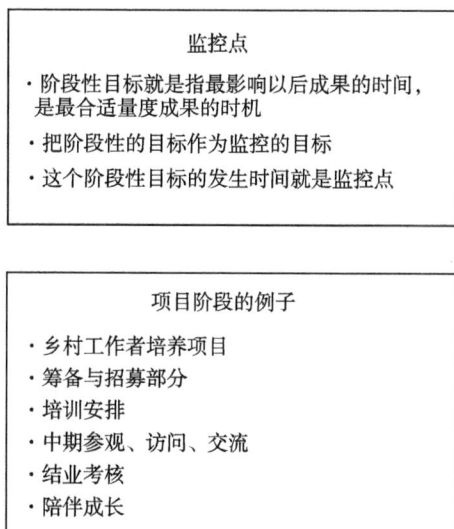

图 4 - 2　世界宣明会阶段性监测例子

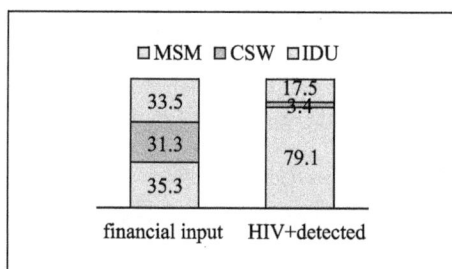

```
┌─────────────────────────────────────┐
│      □MSM  □CSW  □IDU                │
│                                     │
│   ┌──────┐          ┌──────┐        │
│   │ 33.5 │          │ 17.5 │        │
│   ├──────┤          ├──────┤        │
│   │      │          │ 3.4  │        │
│   │ 31.3 │          │      │        │
│   ├──────┤          │ 79.1 │        │
│   │ 35.3 │          │      │        │
│   └──────┘          └──────┘        │
│  financial input   HIV+detected     │
└─────────────────────────────────────┘
```

图 4 - 3　盖茨基金会投入产出监测结果

（5）投入是否如理想般有质量？

（6）伙伴有没有善用投入来达到预期的产出？[①]

其次，通过持续搜集相关资料和数据，监测能帮助项目团队提高项目管理能力和决策水平，进而实现项目效果最大化以及组织能力的提升。

再次，完善的监测将有助于实现捐赠人以及其他利益相关者的问

---

① 世界宣明会：《从问责及规划的评估中学习》，2007，第 60～61 页。

责，从而塑造组织公信力，并维系良好的项目资金来源。

复次，通过监测，可以增进当地合作伙伴以及目标人群对项目的了解，从而建立坚实的信任关系。另外，通过监测发现指标体系的变化，将对他们起到很好的正面激励作用。

最后，项目的监测经验能转化并应用于组织的其他项目。成熟的监测系统能让组织稳定发展。

三 怎么监测

1. 确定监测内容和目标

前文提到，如果前期评估和项目设计中的数据不能满足衡量项目的需要，则需要在项目实施初期开展基线调查并取得更为准确的前测值。这些数据是监测的重要基础，也是终期评估的重要依据。"为了节省时间，紧急救援项目的基础线数据可以来自可靠的二手数据"[1]。随着项目的实施，一旦增加新的指标，就要建立相应的基线数据。总之，只有确定了监测的目标、方向及具体工具，才能开展下一步具体的监测工作。

监测的内容包括：

（1）项目质量和产出的指标及其相关数据，例如农民人均纯收入的增加率、阳性发现率、老人的服务次数，等等。这些指标主要都是围绕目标人群所建构。指标一定要符合当地的实际发展状况。监测正式开展前，大致可以按照不同指标类型对监测数据进行分类并按重要程度排序，最好标明重点监测的核心指标，在监测中需要高频率监测。只有那些对项目管理重要的指标和数据才属于监测内容。

救助儿童会关于数据收集不宜过细的经验[2]

通常会有一种危险倾向，即为项目的每个细节都收集过多信息，这样带来的问题包括：

---

[1] 世界宣明会：《从问责及规划的评估中学习》，2007，第64页。
[2] 〔英〕路易莎·戈斯林、迈克尔·爱德华兹：《发展工作手册：规划、督导、评估和影响分析实用指南》，社会科学文献出版社，2007，第113页。

- 如果收集太多数据，则可能无法正确衡量和记录这些信息；
- 没有充足的时间来分析或利用大量信息；
- 如果定期从同一批人那里收集大量信息，可能会遭到他们的抵制；
- 如果信息太过详细，则很难发现重要的趋势。

香港乐施会撰写各种报告的做法非常适合用于项目监测（表4-1）。[①]

表4-1　乐施会的报告类别和内容要求

报告	用于操作方面的信息	用于反思与分析效果的信息	负责人及提交要求
访点报告（这里主要讨论关键访点报告，一般访点报告由团队决定）	**与伙伴及社区共同操作、讨论、反思与分享		干事负责（可以就访点活动的特点，由干事与伙伴协商，由伙伴拟写，干事加上反馈）。出差后一个月内提交
	- 问题与解决方法 - 实施情况 - 跟进上次访点要点	- 观察项目目标是否如设想的逐步达到 - 收集、观察主要数据、方向的改变 - 观察其他评估与学习活动的情况 - 新情势 - 需要修正、调整的项目目标与指标，相关活动建议与落实方法 - 关键点观察，例如弱势群体参与机制是否建立 *建议选个案或定点跟进改变和效果	
中期报告（可结合关键访点报告。少于12个月的短期项目，已有关键访点可以考虑取消中期报告）	同上	同上	由伙伴负责写，干事负责跟进反馈

① 《香港乐施会项目手册》（中国内地项目适用），2014年9月第6版。

报告	用于操作方面的信息	用于反思与分析效果的信息	负责人及提交要求
调整报告（如适用）（参考修改准则与要求）	基本项目资料，包括目标、指标、活动与财务等。集中阐述调整的原因和内容（包括目标、指标、活动、财务及对评估与学习计划的调整）		干事负责（伙伴写）。提交期限由干事与直属主管及伙伴协商
总结报告	总结基本项目资料：活动的完成、财务的应用等。总结项目实施过程中遇到的问题与经验，特别是跟进问题的处理等经验	集中分析和总结用以分析产出、效果和影响的数据和信息	干事负责（伙伴写）。项目完成后（最长）6个月内提交
外部评估报告（如适用）			由干事负责。与直属主管、伙伴协商内容和提交要求
财务报告	财务报告反映特定期间的财务活动，也显示机构的整体财务状况。财务报告显示合作伙伴资金平衡及其组合，以及按照批准预算科目发生的开支明细。财务报告也将提示乐施会根据批准的预算已经拨出款项的数额		由伙伴负责写，干事负责跟进反馈
审计报告（按财务与审计手册规定决定是否需要进行审计）	审计报告由审计人出具，报告草稿征求相关项目干事和管理人员的意见后形成正式报告。项目审计报告是项目文件的重要组成部分，其中的管理建议属于内部文件，不向外界公布		审计师负责撰写。干事负责跟进
项目结束表	行政管理用表格		由干事负责
回访报告（如适用）（主要是农村生计、社区防灾项目适用。其他项目如合适也鼓励回访，以了解项目退出后的变化，从中学习改进）			由干事负责。与直属主管、伙伴协商内容和提交要求

世界宣明会提出的忠告也很重要："监测系统不应该包括需要专门研究才能收集的数据，也不应该包括无助于当地项目管理决策的数据。"① 如果没有如期达到项目指标的设计要求，就需要努力反思背后的深层原因。

（2）财务。包括资金是否按期投入、投入资金量以及资金使用过程的规范性等。例如，世界宣明会规定："项目每季度在财务报告数据库中公开核心财务报告；每六个月向资助办事处提交管理报告，或按捐助人的或国家的法律要求（须由宣明会全球伙伴中心法律部门核实）提交核心财务报告。宣明会全球伙伴中心的指引说明：报告的内容要描述设计书里面已设定目标的达标情况、预算与支出的对比。中期和年度管理报告要在每半年和一年时间结束后的一个月内递交。鉴于某些办事处在财政年度完结后两个星期才截账，在这个情况下，年度报告应予财政年度结束后六个星期内递交。"②

（3）项目进度。包括各项活动是否按预计日程进行。不论比计划提前还是滞后完成，都需要认真分析其背后的原因。

（4）与人力资源相关的部分内容。主要包括：正式员工、志愿者等投入的工作量是否饱满；人员的变动是否存在异常；项目团队的活动次数及有效性、员工的出勤率；薪酬的发放等。与项目团队成员能力相关的部分应当属于督导的范围，将在下一节展开。

（5）合作伙伴的变化以及与合作伙伴的关系。合作伙伴的变化包括态度的变化、参与程度的变化、主体意识的变化以及能力的变化等。在与合作伙伴关系维系方面，尽管有合同规定，但还是需要通过监测发现其中的问题并及时改进。

（6）其他项目外部政策环境的变化。项目监测是持续的、动态的活动，必须对外部环境保持一定的敏锐性。看似很小的政策环境的变化都会给项目带来很大影响。

确定监测方法、监测系统以及制作监测所需的表格模板。监测方

---

① 世界宣明会：《从问责及规划的评估中学习》，2007，第61页。
② 世界宣明会：《从问责及规划的评估中学习》，2007，第59页。

法比较灵活，既可以通过定量追踪调查，也可以是访谈、座谈、深度案例描述、参与观察、非正式交流、考察、陪同捐赠人探访等研究方法，还可以使用参与式工具。当然，一些文献的利用必不可少，例如，目标人群的访谈记录、会议记录等。监测系统的建立有助于项目监测结果在组织内部顺畅传播，从而给项目实施带来积极影响。监测表格需要认真设计，最好在监测前就准备完毕。下面是世界宣明会的经验[1]：

收到资金及开展项目活动时，项目也正式开始实施了。监测计划要从搜集资料开始，这包括：

● 做好监测表格蓝本。

● 为搜集数据和汇报编订时间表。

● 训练负责监测工作的人员和社区成员。

● 建立讯息系统（例如文件档案系统或计算机数据库）、汇报及储存报告的程序。

● 计划如何与伙伴交流讯息。

● 计划定期检查资料的准确性，如果人员在客观收集资料上经验不足，这就更重要了。

设计数据搜集表格时应注意的事项：

● 表格内是否要加入其他数据，方便收集、分析、参考和储存。

● 决定要写个别活动报告还是月度（累计）报告。哪一样最适用于你的情况？

● 在设计记录系统时要促进当地伙伴参与。

● 设计的表格可以是学习及回馈过程的一部分。例如，可采用妇幼保健室的儿童成长监测表来教导母亲关于子女的成长情况，也可建议政府在儿童的健康问题上采取更积极的角色。

● 要有创意。表格要简单合用。

---

① 世界宣明会：《从问责及规划的评估中学习》，2007，第65~66页。

- 只收集有用的资料。
- 在使用表格前要先做测试。

需要补充一点，即所有监测表格所使用的专业术语和统计口径应当统一，并简要注明定义和计算方法。好的监测表格一定是清晰的，涵盖信息完备的、易于操作的，而不能让监测者拿到表格无所适从。

2. 规定监测主体及其责任

前文提到，监测主要有三种方式。不管哪种方式，都要在充分沟通的基础上将监测任务分解落实到人，并以文本的方式予以确认。此外，要对监测者进行相关技能的培训，例如，问卷调查和访谈技巧、如何使用监测表格、如何观察以及数据分析和撰写监测报告等。

3. 实施监测及产出

一旦前面的步骤完成之后，接下来实施监测工作就变得相对容易了。监测的产出分为两种：正式的产出和非正式的产出。前者的主要表现形式是监测报告或监测会议纪要；后者可以是达成的共识以及在此基础之上的行动。监测报告的提交，可以采取每个季度提交一次小报告，每半年提交一次全面反思报告的方式。当然，每个组织可以根据自身能力、项目难易程度、风险大小程度以及资助方要求等制定符合自身特点的监测规定。

4. 对监测工作的反思以及对监测系统的改进

最后，项目监测需要注意以下几点：

（1）监测工作一定要围绕项目目标和组织发展战略来进行。

（2）监测要遵循及时反馈、有问题及时处理的原则。否则，监测工作将形同虚设。

（3）监测工作不能过密，否则增加监测人员的工作量；也不能过疏，否则无法有效防范某些风险。

（4）所有的监测资料都要归类存档，以用于资助方检查、组织反思和学习以及后续评估之需。

（5）监测的作用不仅用于发现问题、解决问题，还在于通过搜集正面的变化和案例，用以激励项目团队、利益相关者，甚至包括潜在的捐赠者。

（6）很多监测都是跨文化活动，因此要对文化持有很高的敏锐性。

第三节　督导

一　什么是督导？

我们在第一章介绍了不同组织结构类型中的项目团队，第三章介绍了项目团队的管理设计。但首先这些内容都非常简略，而且是一个静态的视角。其次，专业的督导与一般的非营利组织管理既有紧密联系又有所差别。因此，我们在此专辟一节予以介绍。

其实，在项目—组织—员工"三位一体"格局中，员工是实施项目的关键性能动主体。在非营利组织项目实践过程中，经常会遇到新加入员工对非营利组织性质的认识不到位、对组织内部架构不熟悉、能力不足、对团队认同度不高、职业倦怠甚至受挫感强烈等一系列问题。面对大量弱势群体纷繁复杂的需求，有时项目团队成员竟然成为另一种"弱势群体"！此外，相对于政府部门和企业部门，非营利组织的重要特色之一就是使用大量志愿者。这不仅是价值驱动使然，也是降低非营利组织运作成本的内在需要。但是同时面临志愿者队伍的约束弱、流动性强、工作稳定性较差等诸多问题。如果不及时解决这些问题，再好的项目设计也无法落到实处。可以说，对员工的能力提升、情感支持在很大程度上决定着项目实施的成败。因此，在项目管理中，对项目团队的建设非常重要。

本节讨论的督导借鉴了社会工作的知识。在社会工作中，督导既是一个名词，用于指那些最高级别的员工、最低级别的管理人员，是联系管理层和普通员工的桥梁[①]；同时，督导也是一个动词。本节是在动词

---

① 〔美〕阿尔弗雷多·卡杜山、〔美〕丹尼尔·哈克尼斯：《社会工作督导》（第4版），郭名倞、寇浩宁、汪蓓蕾、高云红译，隋玉杰审校，中国人民大学出版社，2008，第17页。

意义上加以使用的，即督导是专业训练的方法，由机构中的资深员工对新员工以及一线员工、实习生以及志愿者通过定期和持续的监督指导传授专业知识技能，促进其成长并确保服务质量的活动。从另一个角度看，督导是融价值与使命驱动、规范的组织工作程序、精湛的专业技能以及良好的人际关系为一体的复杂活动。

督导（supervision）一词源于拉丁语 super（遍及）和 videre（查看）。现代意义上的督导起源于 19 世纪的慈善组织会社运动（Charity Organization Society Movement）。第一次将"督导"一词用于书名的是杰弗里·R. 布拉克特（Jeffrey R. Brackett, 1904）的《慈善工作中的教育和督导》（*Supervision and Education in Charity*）。该词出现之初，只是指对项目和机构的监察和审核。但当代的社会工作督导，是指机构服务的有效管理、对社会工作者的教育以及对社会工作者的支持。

《社会工作百科全书》（Shulman, 1995）第 19 版指出，督导兼有行政、教育和支持三项功能。行政性督导的基本问题是如何正确、有效和恰当地贯彻实施机构的方针政策并按程序办事。行政性督导基本目标是坚持机构的方针政策不动摇，并坚定地按程序办事。教育性督导解决的问题是让工作者掌握与时俱进的业务技巧。支持性督导的目标是提高士气和工作满意度。[①]

督导能产生如下作用：

（1）通过分配任务、适应新角色、传授相关知识和技巧以及提供情感支持，督导能有效促进项目团队成员的成长。

（2）通过项目团队成员能力的提升来提高项目服务质量。

（3）促进非营利组织的正常运行，因为员工不仅隶属于整个项目

---

① 〔美〕阿尔弗雷多·卡杜山、〔美〕丹尼尔·哈克尼斯：《社会工作督导》（第 4 版），郭名倞、寇浩宁、汪蓓蕾、高云红译，隋玉杰审校，中国人民大学出版社，2008，第 3～17 页。

团队，更隶属于非营利组织。因此，员工能力的提升能直接推动组织的发展。

（4）推动专业发展。

谁来督导？不像有的社会工作机构中专门设立督导的职位，在非营利组织项目管理中，有经验的老员工或行政岗位上的中层管理人员等都可以成为督导者。

督导可以采用非常正式的方式，例如西方社会工作中的订立协议，但在非营利组织项目中，更多的督导并非那么严格。但不论督导采取何种方式，都需要具备如何开展话题、分享感受、分享资料、如何结束会谈等一系列技巧。

其实，从项目周期开始，督导工作就已经进行了。例如，在前期评估阶段，就可以采用师徒式督导的方式，由富有经验的老员工带新员工或志愿者开展调查。项目设计、实施等阶段也是如此。可以说，督导贯穿了项目周期的始终。

二　不同类型的督导

按照督导的三种类型与员工/志愿者等标准，可以将督导工作分为6类。若再将个体督导和团体督导的分类引入，则得到12小类（见表4-2）。下面的内容还是围绕督导的三种类型而展开。

表4-2　督导类型

	员工（全职和兼职）		志愿者	
	个体督导	团体督导	个体督导	团体督导
行政性督导				
教育性督导				
支持性督导				

1. 行政性督导的内容

（1）新员工、新的志愿者的招募。项目团队最初由少数几个核心成员（或许有志愿者）组成。随着项目不断推进，可能组织内部其他部门的人员会加入，还会向社会招募新员工以及志愿者。前面提到，非营利组织项目管理要尽可能吸收本地人加入。非营利组织在项目实施时，可以根据组织需求，通过当地合作伙伴物色、公开招聘或个人介绍等方式招到合适的员工或志愿者。在项目周期内，也可以吸收志愿者骨干成为正式员工。不论本地员工还是志愿者骨干，都有可能成为未来项目可持续发展的重要人力资源基础。

（2）关于本机构性质、架构、管理制度的培训。培训主要通过团体的方式进行，同时要采取个别答疑的方式增进员工、志愿者的组织认同。

（3）基于每个员工、志愿者的长处、特点和兴趣进行岗位与工作任务分配，并进行相应的工作授权。

（4）工作过程中的督导。具体包括：①除了非营利组织内部其他部门调入的员工，无论新员工还是新加入的志愿者，对机构的认识都会经历由浅入深的过程，督导要促使他们尽快适应整个组织。即使组织内部调入的员工，也要重新适应新的团队；②确保员工和志愿者在非营利组织内部制度以及服务项目目标的前提下提供服务；③教会员工或志愿者熟悉组织内部常规性工作程序和具体操作，例如填写表格、票据处理、组织会议等具体工作。工作中，可以使用团体督导（同事督导其实也是一种团体督导），对于新员工、志愿者的某些个人对组织的看法或涉及稍微敏感的问题，个体督导效果会更好。

团体督导是一个督导者和数位被督导者以小组讨论的方式，定期（每周、每两周或每个月一次，每次一至两个小时）举行讨论会议。小组人员 2~8 人不等。督导主要内容包括每个被督导者在专业服务过程中遇到的困难和障碍。每次由小组中的一或二人提供书面或口头记录或讨论要项，督导者和小组成员详尽阅读或听取有关信息，并根据掌握的情况寻找解决问题的有效途径。团体督导的技巧包括：督导者必须熟悉团体成员的姓名、性格并与之建立良好关系；督导者在团体面前要体现出舒适状态，表现出对团体活动有兴趣和有信心；督导者必须能引导团体成员集中注意力，形成向心力，必须用心倾听团体成员所说的真正意思，并把握其重点所在；督导者必须尽量促使团体成员自我发动和自由自在地提出问题、观点和建议；督导者要能把各种不同观点联结起来，并进行比较分析和综合，从而得出团体成员共同认识和理解的结论；督导者需事先准备，修正把握讨论，不宜在同一主题上停留时间过长；应敏锐觉察团体成员的潜在感受并加以适当引导处理，应采用温和、轻松、婉转、幽默的方式指出存在的问题；对不同类型的成员善加引导和应对；及时总结并提出清晰、具体的结论，以便被督导者方便实施。团体督导的优点在于，在很大程度上能克服个别督导带来的偏见和盲点；能进行充分的角色扮演；节省时间、经费和专业人力。其不足在于：每位被督导者接受督导的时间不足，无法就细节进行讨论；被督导者有机会隐藏和忽视自己的问题，也有可能有意无意地与他人竞争；讨论或团体动力容易分散，也容易产生一些没有价值的观点。

个别督导是最传统的督导方式，是由一位督导者对一位被督导者用面对面的方式，定期、定时（每周或每两周一次，每次半个小时或一个小时）进行的谈话活动。也可视情况需要，举办一些不定期的督导会议。个别督导需要以下技巧：诚恳聆听；仔细研究被督导者的工作记录、服务报告以便发现其不足；接纳、鼓励的态度；提出评价和建议时语气要委婉；督导者要根据自己的经验和理论知识随时提供示范的方法和技术来帮助被督导者处理问题。个别督导的优点是不受干扰、隐秘性好、能提供充分的咨询；缺点是只能接受单一的督导。

此外，还有同事督导（同辈互动督导）等方式。

（5）总结与评估。

2. 教育性督导的内容

（1）教授有关"目标人群"的特殊知识。鉴于项目多属于在新的领域中的一次性活动，给员工、志愿者传授与目标人群相关的知识非常重要。例如，关于失独群体、孤独症儿童、流动儿童等的知识。

（2）传授关于非营利组织的知识、发展的知识以及相关法律政策。行政督导处理的是新员工、志愿者如何熟悉本机构内部行政架构、行政运作流程以及管理制度的问题。教育性督导则要帮助他们了解更多的关于非营利组织发展史、非营利组织发展现状、同类组织的情况、什么是发展以及与非营利组织相关的政策法律环境等。

（3）传授有关"社会问题"的知识。简单地说，社会问题是指因社会关系或社会环境失调，而影响社会全体或部分成员的共同生活，破坏社会正常活动，妨碍社会协调发展的社会现象。对这方面知识的传授有助于员工、志愿者在更深层次上思考项目所要解决的问题。例如，什么是贫困？什么是韧性社区？"同性恋"是如何被建构成一个社会议题的？

（4）教授有关"项目工作过程"的知识。例如，项目管理的各个环节需要解决的问题及相关方法、工具等。

（5）传授与非营利组织工作者本身相关的知识。例如，非营利组织员工的社会保险、角色、立场等。

（6）提供专业建议和咨询。

（7）总结与评估。

3. 支持性督导的内容

（1）协助被督导者适应和处理服务工作中所带来的挫折、不满、失望、焦虑等各种情绪，增强被督导者的自我功能；给予关怀和支持，让被督导者在工作中有安全感并愿意尝试新工作。

（2）协助被督导者发现工作成效并能自我欣赏、激发被督导者的工作情绪和士气，并对服务机构逐渐产生认同感和归属感；及时表扬与建设性批评。

（3）给予被督导者从事专业的满足感和价值感，促进其对专业的认同，进而愿意持续投身社会服务工作。

（4）妥善处理好员工之间、志愿者之间以及员工和志愿者之间的冲突。

（5）总结与评估。

支持性督导解决的目标是员工情感上的障碍，提供心理方面和个别关系方面的支持，促使被督导者动员个人力量达成良好的工作表现。

鉴于非营利组织使用大量的志愿者，因此需高度重视志愿者的督导。为了协助志愿者建立正确的服务价值和工作态度，非营利组织应当正确认识志愿者的基本心理需求和服务的有限性，并把志愿者当成机构共同工作的伙伴。要注意针对不同背景、知识结构、不同经验的员工、志愿者以及他们的需求而采取灵活的督导手段，从而取得员工能力增加与项目操作规范、组织良性发展相互整合的良好效果。对志愿者不能过于放任，也不能过于苛刻。

第五章

终期评估

作为项目管理周期中很重要的组成部分，终期评估是在完成项目活动后所进行的系统、综合的评价活动。项目可以在项目设计所规定的时间内正常结束（又可以分为暂时性结束和永久性结束），也可以提前收尾。当然，也不排除项目中途失败而导致的结束。本章主要论述的是第一种情况。但无论哪一种形式的项目收尾，都需要进行终期评估。

第一节　终期评估的范畴界定及注意事项

一　终期评估的范畴界定

为了清晰地了解项目评估，我们需要辨明以下三对范畴的异同。

（1）终期评估与前期评估、监测之异同。三者都是某种程度的评价活动，也是项目管理不可缺失的有机组成部分，但不同之处在于：首先，时间开展的顺序不同。在项目管理周期中，三者的顺序是前期评估—监测—终期评估，而不是其他。其次，三者的性质和目的不同。前期评估是为了发现问题（包括项目人群面临的社会问题、政策环境存在的问题以及合作伙伴的能力方面面临的挑战等）以及初步探索问题的解决之道，并为项目设计做准备。监测是对项目事实的分析和把握，是项目实施过程中风险防控的重要手段。当然，这二者都为终期评估奠定了一定的材料基础。终期评估是对整个项目的综合评价，尤其是项目产出、影响的评价活动。最后，三者之间的方法也有一些差异。

如果是长期项目，有的非营利组织在项目开展期间会开展中期评估，以对前期评估的质量以及在具体落实中遇到的困难进行分析并找到有效对策，从而保证接下来项目的实施能有助于实现项目目标。对一般的非营利组织而言，项目实施过程中较高质量的监测已大致能起到中期评估的作用了。

（2）项目评估也不同于非营利组织评估。后者可以是包括该组织开展项目在内的综合性评估，也可以是组织管理与内部能力建设评估、组织战略评估、人力资源评估、组织社会影响力评估等专题评估。组织评估包括项目评估？从逻辑上来说是对的，但二者目标与关注的重心还是有所不同。前者仅仅是对项目的评价，而后者尽管包含更多内容，但关注的重心是组织。再例如，非营利组织的内部能力建设评估、战略评估、人力资源评估等几乎很少考虑（潜在）目标人群的评价。但项目评估中，不仅项目团队自己的评价，合作伙伴的评价以及受益人群的评价都是极其重要的衡量指标。

（3）终期评估与工作总结。评估不是简单的总结报告，而是采取一定的逻辑框架和方法进行的科学性很强的评价活动。

二 终期评估需要注意的事项

笔者以为，做好终期项目评估，至少需要把握四个维度的知识（见图5-1）。

纵向维度方面，需要了解项目实施前后的变化以及项目的影响力。横向维度方面，一要熟悉与该项目相关的知识和政策，例如，评估一个残障项目或环保项目，就需要了解残障或环保的相关知识及其政策（的演变），以判断该项目的必要性、优先性和创新性；二要了解同类其他项目的特点及运作方式，以通过比较确定该项目的优劣势之所在。因此，终期项目的评估是一项极具挑战性的工作。

开展终期评估需要注意以下事项：

（1）终期评估要奠定在前期评估、监测等一系列前期工作的基础之上，否则其效果将大打折扣。

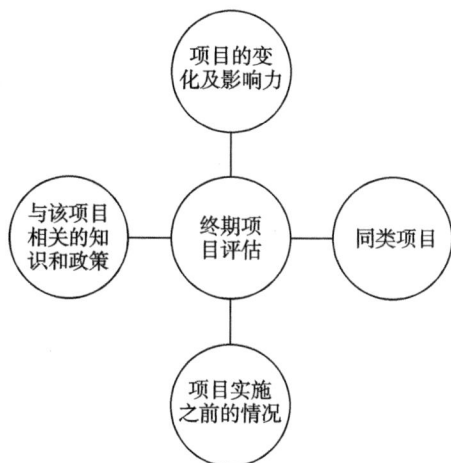

图 5-1 终期项目评估的四个参照维度

（2）终期项目评估不仅是接受捐赠方等利益相关者的问责之需，还是组织学习、经验转化、持续递送服务的重要步骤。因此，终期评估环节必不可少。如果不开展此项工作，组织或项目团队之能力很难得到有效提升，捐赠者的积极性很难调动起来，潜在的捐赠人亦很难激活。

（3）慎重组织和实施项目终期评估。不好的项目评估不仅白白消耗人力物力，而且对项目和组织发展毫无助益。

（4）在尊重合同约定的前提下，可根据组织能力、资金状况以及项目需要，适当简化终期评估内容，以免增加太多负担。例如，为节约成本，可以用焦点小组、深度个案等定性评估方法代替大规模定量研究等。

（5）紧急救援阶段的项目评估很难在紧急救援一结束马上就开展。因为，灾区还有大量的需求亟须回应。这时，非营利组织一定要保留好足够的痕迹资料以便于日后实施评估。当然，若能开展小型的快速评估就再好不过了。由于灾后民众在混乱中的快速流动，这样做可以在很大程度上避免终期评估时难以找到受益人的问题。

（6）为了尽可能全面了解项目实施中的成绩与不足，项目终期评估有必要采用多种评估方法。

（7）终期项目评估要考虑项目的变化对横切焦点要素带来的影响和变化。

（8）若项目评估和财务评估或审计同时进行，效果更佳。

（9）终期评估要尽可能客观、公正，切勿做那些为了应付捐赠方而找一些所谓的专家"给项目贴金"、使事实和数据屈从于主观认知的评估。

第二节　终期评估的内容

终期评估是对已经或即将结束的项目所进行的综合性评价活动，主要内容包括：

1. 项目的战略性评估

这一评估主要围绕着项目和组织的关系而进行。例如，项目的实施是否符合非营利组织的发展战略，是否有助于组织使命的达成，给组织带来了哪些影响、变化甚至创新。

2. 项目的必要性评估

通过对该项目在政策环境中的定位，反思和评价其实施该项目的合法性基础是否牢靠。项目的必要性评估对那些未开展前期评估、基线调查或这两项做得不充分的项目来说尤其重要。下面是中国扶贫基金会母婴平安 120 项目评估中对必要性的评估简介。

中国扶贫基金会"母婴平安 120 项目"

十周年评估中的必要性评估[①]

母婴平安 120 项目是中国扶贫基金会于 2000 年开始开展的以救助贫困母婴、降低孕产妇及婴儿死亡率为宗旨的公益项目。"120"代表着"保全 1 个家庭，挽救 2 条生命，生育 0 风险"。项目覆盖云南、福建、宁夏等省、自治区的一些贫困县。2010 年，

---

① 韩俊魁（项目负责人）、纪颖、张炎、陈雷：《中国扶贫基金会母婴平安 120 公益项目评估》，2010 年 7 月。

我们承担了该项目的 10 周年评估。

卫生统计资料显示，新中国刚成立时，中国的孕产妇死亡率高达 1500/10 万。经过努力，2008 年孕妇死亡率总体水平已降到 34.2/10 万，但和发达国家相比还存在很大差距。

2005 年孕产妇死亡率和 2007 年婴儿死亡率

	孕产妇死亡率 （1/10 万）	婴儿死亡率 （‰）
日本	6	3
美国	11	6
英国	8	5
俄罗斯	28	10
中国	45	19

数据来源：卫生部，2009 中国卫生统计年鉴，世界各国卫生状况

在中国孕产妇死亡原因上，存在着明显的城乡差别。根据全国孕产妇监测资料，2008 年城市产科出血在死因构成中占到 23.8%，而农村占到 36.7%。羊水栓塞在农村孕产妇死亡中位居第二位原因，第三是妊高症。而在城市孕产妇死亡中心脏病位居第二，羊水栓塞位居第三。在一些省份孕产妇死亡原因中，产科出血甚至占到 50% 以上，如宁夏、云南。在安徽、福建、重庆三个项目省，孕产妇死亡原因中产科出血原因也都占到 30% 以上。我国绝大部分地区的住院分娩率都在 80%，甚至 90% 以上，一些不发达省份也达到很高的水平。但根据 2008 年的卫生统计年鉴，各地在孕产妇系统管理方面存在较大差异。一些发达地区的系统管理率基本在 90% 以上，而在一些欠发达地区，如西藏、安徽等，还不足 40%。此外，发达地区 5 岁以下儿童中重度营养不良比重在 1% 以下，而在中国扶贫基金会的项目点，这一比例多在 3% 以上。因此，该项目选择的省份有很强的代表性。

进入新世纪以来，卫生部会同国务院妇女儿童工作委员会和财

政部共同组织实施了降低孕产妇死亡率和消除新生儿破伤风项目，2003 年卫生部、财政部、民政部联合下发了《关于建立农村新型合作医疗制度的意见》，各地先后展开新型农村合作医疗制度试点。2007 年在全国农村实施了最低生活保障制度，2009 年 6 月 1 日财政部、卫生部印发了《农村孕产妇住院分娩专项补助资金管理暂行办法》。但是，现有政策多关注孕产妇住院分娩的可负担性，而相对忽略了卫生服务利用的可及性。在偏远地区，如何让孕产妇在需要时能够及时得到卫生服务还是一个难题，交通问题和转诊问题就是其中之一。首先，目前贫困地区的一些母婴保健补助还是针对符合计划生育政策的农户，对于计划外生育的孕产妇尚未顾及。其次，原有的问题在部分地区还依然存在，如住院分娩率低、孕产妇管理率低、死亡主要原因为产科出血等，尤其是在偏远贫困地区还依然比较突出，并且有进一步下降的空间。在解决这些问题时，需要我们更加重视孕产妇的系统管理，而不仅仅局限在住院分娩。再次，婴幼儿的死亡率城乡差异还依然比较显著，反映了农村或贫困地区对婴幼儿健康改善还有很多工作需要进一步加强。婴幼儿的健康管理和营养改善也是两个重要方向。第四，随着医疗改革的不断深化，政府在医疗领域，尤其是公共卫生领域的主导角色越来越明显。伴随改革的深入，国家的资金、人员投入也向基层母婴健康改善有所倾斜，但对于一些地区，尤其是边远贫困地区，还存在政府尚且顾及不到的领域。基本公共卫生的投入需要大量资金、设备和人力，中央给予一定政策倾斜后，还需要地方财政予以补充。而在一些贫困县、乡，地方财政能力有限，很多业务还是不能及时开展。在人员培训方面，也存在一些困难。由此，我们看到中国扶贫基金会实施该项目的必要性。

3. 项目的优先性评估

该项评估是为了回答"为什么是 A 项目点而不是 B 项目点""为什么是目前的受益群体而不是其他群体""为什么在该项目点选择教育项目而不是其他发展项目"等问题。我们仍以中国扶贫基金会的母婴平安 120 项目为例予以说明。

中国扶贫基金会母婴平安 120 项目的优先性评估[1]

孕妇和婴儿保健一直是国内外健康领域关注的重点和焦点，因为母婴健康关系到两代人的健康和安全，而且母婴是脆弱敏感人群，其健康状况既反映了卫生保健水平，也反映了一个国家或地区的社会经济文化发展水平。

在 1978 年世界卫生组织提出的"初级卫生保健"和 2000 年联合国提出的"千年发展目标"中，降低孕产妇死亡和婴儿死亡均构成其重要的组成部分，可见母婴健康在整个社会发展中的重要优先地位。2000 年，中国政府对联合国千年发展目标做出承诺，保障妇女儿童健康就在承诺的 8 个目标之中。中国很多政策文件频繁提及对孕产妇和儿童健康的关注。例如，《中国农村初级卫生保健发展纲要（2001—2010 年）》的主要任务之一就是要加强对孕产妇和儿童的管理，提高农村孕产妇住院分娩率，稳步降低孕产妇死亡率和婴儿死亡率，改善儿童营养状况，不断提高妇女儿童健康水平。《中国妇女发展纲要（2001–2010 年）》和《中国儿童发展纲要（2001–2010）》中也都将健康问题列为主要的优先发展领域。2007 年由国家卫生部制定的《卫生事业发展"十一五"规划纲要》指出：通过"在基层医疗卫生机构配置必要的设备，加强妇幼保健人员培训，推广适宜技术，提高基层卫生服务能力，提高住院分娩率，确保孕产妇生育安全"[2] 的方式，于 2010 年实现农村孕产妇住院分娩率达 90% 以上。

有学者对河北省、湖北省、江西省、宁夏回族自治区、云南省、重庆市等 6 个省、自治区、直辖市的国定贫困县的研究表明，贫困县平均每千人中，卫生人员数 2.21 人，卫技人员数 1.84 人，

---

① 韩俊魁（项目负责人）、纪颖、张炎、陈雷：《中国扶贫基金会母婴平安 120 公益项目评估》，2010 年 7 月。

② 卫生部：《卫生事业发展"十一五"规划纲要》，2007 年 5 月 21 日。

医生数 0.92 人,护士数 0.49 人,均明显低于全国(分别为 4.28 人、3.58 人、1.54 人、1.10 人)和东部地区每千人口卫生人力水平(分别为 4.87 人、3.96 人、1.68 人和 1.28 人)①。卫技人员占卫生人员比例为 83.3%,医护比为 2 : 1。贫困县妇幼保健院和疾病预防预控制中心卫技人员 45 岁以上人员比例高于全国平均水平,存在人员年龄结构老化的趋势。贫困地区本科及以上学历卫技人员比例低于全国及东部地区平均水平,而高中及以下学历者比例高于全国及东部平均水平。说明贫困地区卫生人力素质还有待进一步提高②。依照《2006 世界卫生人力报告》,如果平均每千人口卫生保健专业人员(医生、护士、助产士)达不到 2.5 人,则不能保证 80% 的专业生育服务或新生儿麻疹疫苗接种覆盖率③。

在此背景下,自 2000 年开始,该项目在贫困地区从母婴资助和卫生人员培训两个方面入手开展了长达十年的母婴项目,是具有很强的优先性。

首先,中国扶贫基金会的母婴平安 120 项目实施的地区都是在贫困地区。例如,福建省政和县,"1985 年被省政府定为贫困县时,全县辖 8 乡 1 镇,其中贫困乡 5 个,占乡镇总数的 55.6%,贫困村 37 个,占行政村总数的 34.3%,全县总人口 17 万人,3.24 万户,其中农业人口 15 万,2.8 万户,贫困户 9353 户,49059 人,分别占农户总数和农业人口的 33.5% 和 33.4%,农民人均收入只有 363 元,有 33.5% 的农户处于贫困温饱线以下。从 1986 年开始进行扶贫开发工作,经历了起始(1986—1990 年)、层次递进(1991—1995 年)、扶贫攻坚(1996—2000 年)和扶贫开发(2001—至今)四个阶段,在扶贫开发阶段,该县被省政府确定为经济欠发达地区之一。至 2009 年收入在 1200 元以下的贫困人口

---

① 《2007 中国卫生统计年鉴》。
② 方鹏骞、傅新巧、周利峰:"我国农村贫困地区县级医疗卫生机构人力现状",《中国卫生经济》2009 年第 28 卷第 4 期(总第 314 期),第 33～35 页。
③ World Health Organization,"The world health report 2006 - working together for health" [R]. 2006,http://www.who.int/whr/2006/en/index.html.

14030 人，占总人口的 6.1%，收入在 1200—2000 元的低收入人口 60950 人，占总人口的 26.5%"①。在宁夏，"以 2008 年为例，当年 8 个国家扶贫开发重点县农民人均纯收入只有全国平均水平的 54.1%，与全国农民平均收入的差距从 2000 年的 1266 元拉大到 2184 元"，"2009 年，宁夏回族自治区实行了新的扶贫标准，将扶贫标准提高到 1350 元，与国家扶贫标准相比，仅仅提高了 154 元，扶贫人口数量就从 26.2 万人猛增到 111.6 万人，净增 85.4 万人，这充分说明我区相当一部分农村群众才刚刚越过国家扶贫标准线，自我发展能力还很弱"②。再如玉龙县，"成立于 2003 年 4 月，是原丽江纳西族自治县的传承和延续，是全国唯一的纳西族自治县。2004 年被增列为省级扶贫开发工作重点县。全县辖 16 个乡（镇），100 个村委会和一个办事处，913 个村民小组。总人口 21.9 万人，其中农业人口有 20.5 万人，占全县总人口的 93.6%，少数民族人口为 18.77 万人，占总人口的 85.59%，耕地面积 35.59 万亩，是一个典型的农业县，是一个集老、少、山、穷为一体的民族自治县，到 2009 年底我县处在贫困线以下人口还有 11.75 万人。境内沟壑纵横，山地多、平地少，地貌类型复杂多样，自然环境恶劣，灾害频繁，因灾因病返贫严重，比如像今年遇上特大干旱，我县居住在山区半山区靠天吃饭的群众 80% 以上都处于返贫状况。"③ 也就是说，在扶贫的大目标下，母婴平安 120 项目定位的地区是准确的。

政和县母婴基本情况统计表

孕产妇保健覆盖率%	孕产妇系统管理率%	住院分娩率%	孕产妇死亡率（/10 万）	婴儿死亡率‰	新法接生率%	
2001 年	90.3	78.99	85.68	125	17.83	97.58

① 《当前政和县贫困状态及分布——政和县县老区扶贫办》，2010 年 1 月 26 日。
② 杜正彬："总结经验、振奋精神、全力推进扶贫开发工作再上新台阶——在全区扶贫工作会议上的讲话"，2010 年 1 月 22 日。
③ 《玉龙县扶贫办工作情况汇报》（日期未注明）。

续表

孕产妇保健覆盖率%	孕产妇系统管理率%	住院分娩率%	孕产妇死亡率（/10万）	婴儿死亡率‰	新法接生率%	
2002 年	95.67	77.63	92.1	0	13.47	96.63
2003 年	96.5	83.5	91.94	0	20.63	98.37
2004 年	96.51	82.37	92.22	0	12.29	98.59
2005 年	97	83.67	91.68	0	11.12	99.87
2006 年	100	87.34	94.14	0	14.05	99.89
2007 年	100	91.46	99.5	0	9.32	99.96
2008 年	100	91.98	99.91	0	8.97	99.96
2009 年	100	89.79	100	0	8.19	100

宁夏德隆县母婴基本情况统计表

孕产妇保健覆盖率%	孕产妇系统管理率%	住院分娩率%	孕产妇死亡率（/10万）	婴儿死亡率‰	新法接生率%	
2003 年	96.78	77.3	73.6	51.9	36.5	97.2
2004 年	95.89	80	79.5	109	28.6	96.4
2005 年	98.09	90.5	91.2	0	26.9	98.1
2006 年	98.35	91.9	94.7	0	23.5	98.1
2007 年	100	90	95.04	0	21.1	95.9
2008 年	100	92	96.37	0	17	98.22
2009 年	100	95.76	97.73	0	14.06	98.92

云南玉龙县母婴情况基本统计表

孕产妇保健覆盖率%	孕产妇系统管理率%	住院分娩率%	孕产妇死亡率（/10万）	婴儿死亡率‰	新法接生率%	
2000 年	84.53	58.61	47.42	76.71	41.42	83.84
2001 年	90.49	64.49	55.45	202.25	37.56	88.53
2002 年	92.3	64.9	61.11	160.57	36.61	90.17

续表

孕产妇保健覆盖率%	孕产妇系统管理率%	住院分娩率%	孕产妇死亡率（/10万）	婴儿死亡率‰	新法接生率%	
2003年	93.28	60.89	53.19	115.87	39.98	88.12
2004年	96.54	70.83	62.74	0	33.98	91.92
2005年	97.97	81.87	68.75	59.63	32.2	95.77
2006年	99.45	88	68.01	60.94	28.03	98.72
2007年	100	90.32	77.72	0	16.43	99.21
2008年	99.7	90.99	83.47	0	17.67	97.61
2009年	99.89	94.68	89.94	0	17.04	98.35

其次，通过上述三个表的数据发现，在这些贫困地区，公共卫生，尤其是母婴健康方面存在诸多问题。因此，中国扶贫基金会母婴平安120项目的实施有很强的优先性。

4. 项目实施的过程评估，即项目的效率评估

其内容主要包括：项目实施过程是否公正？项目受益人群的遴选是否公平？决策以及必要的调整是否及时？是否与项目设计中的进度管理计划大致吻合？风险管理是否得当？利益相关者对资金拨付和到账速度等的满意度如何？

5. 项目的产出或结果评估

这是项目终期评估的重要内容。但依据不同的项目目标和指标设计，项目产出/结果很难一概而论。例如，与减防灾相关的项目产出一般是社区民众减防灾知识的知晓率以及演练次数等；艾滋病感染者关怀项目的产出或者是生产自救活动的成功实施，也可能是CD4检测次数及随访关怀的次数等；与扶贫相关的项目产出或者是人均收入的增加或者是农村经济合作组织的成立及其能力增强等。

6. 项目的可持续性评估

项目的可持续性包括以下四个层面：

（1）资金的可持续，即通过该项目的实施，是否有效维系了与既有捐赠方的良好合作关系，或激发了潜在捐赠者的热情，或推动了政府购买其服务等。

（2）组织的可持续性评价，包括该项目实施结束后该组织是否继续存在，以回应项目点的需求，还是较为成功地培育了当地组织，以承接组织退出之后的公益事业。

（3）项目是否提炼出了可持续复制的项目理念的核心要素。例如，国际小母牛的礼物传递理念非常关键，而不论传递的礼物是牛、鸭还是兔子，也不论在南方还是西北地区，只要是适宜本地养殖的牲畜就好。

同时满足上述三个条件，项目经验就可以推广复制，项目点范围随之也可能扩大。此外，项目的可持续性评估还包括：

（4）是否通过成功的倡导，将项目经验转化为政策。这是更高层次的、难度很大的项目可持续性。有的评估者把同类机构参观学习两次以上等作为某项目模式推广、可持续的评估标准之一，看似直观，但实则非常牵强。

7. 项目的创新性评估

并非所有的非营利组织的项目都需要创新性评估，毕竟创新性的项目属于少数。该类型的评估最适合那些创新型项目的评价。

中国扶贫基金会母婴平安 120 项目的创新性评估[①]

在对中国扶贫基金会母婴平安 120 项目的创新性评估之前，首先有必要了解国内其他 NGO 在卫生领域的活动情况。在中国扶贫基金会开展母婴平安 120 项目的五个省的项目区，根据项目工作人员的问卷统计结果可以看到，开展类似项目的机构并不多（见表1）。

[①] 韩俊魁（项目负责人）、纪颖、张炎、陈雷：《中国扶贫基金会母婴平安 120 公益项目评估》，2010 年 7 月。

表 1 项目工作人员对其他机构类似项目的了解情况

据您了解,除了中国扶贫基金会开展该项目之外,是否有其他单位开展类似项目?		没有	比较少	很多	不清楚	合计
安徽	人数	23	28	17	0	68
	%	33.82	41.18	25.00	0	100
福建	人数	34	33	6	1	74
	%	45.95	44.59	8.11	1.35	100
宁夏	人数	10	22	6	0	38
	%	26.32	57.89	15.79	0	100
云南	人数	36	57	10	2	105
	%	34.29	54.29	9.52	1.90	100
重庆	人数	43	55	28	22	148
	%	29.05	37.16	18.92	14.86	100
合计	人数	146	195	67	25	433
	%	33.72	45.03	15.47	5.77	100

通过百度和谷歌检索,以及中国民政部民间组织管理局公布的基金会年度工作报告(包括境外在华 NGO),截止到 2010 年 4 月 18 日,项目组目前共检索到 26 个项目涉及卫生扶贫领域。其中,国外 NGO 项目有 6 个,属内 NGO 的项目有 20 个。这 26 个项目共涉及 21 个 NGO(各项目名称和发起机构此处略去)。从项目的发起年份来看,在已知确切时间的 20 个项目中,开展 5 年和 5 年以上的项目占到 55%,项目开展 10 年的占到 25%。这说明项目的持续性较好。

因病致贫、因病返贫已成为农民贫困的重要根源之一。26 个卫生扶贫项目中大部分的瞄准对象都是农村地区的农民,其中以儿童和妇女为主。评估小组以 26 个项目分析为例,根据各项目宗旨和项目目标进行文本分析,发现在 26 个总项目中,特指受益对象为农村地区的有 7 个。在卫生扶贫中,排在第一位的是儿童营养方面。在 26 个项目中，有 9 个明确瞄准对象为儿童营养，占总数的 35%。其次是孕产妇保健、援建地方医院。这两个都占到总数的 23%。排在第三的是专项病的治疗，占总数的 19%。涉及妇女健康和儿童发展的分别有 2 个和 1 个，分别占总数的 8% 和 4%。在 26 个项目中，只有两个项目没有明确指出项目领域，只占到总数的 8%（见表 2）。

表 2　卫生扶贫领域项目分布

领域	援建医院	儿童营养	儿童发展	孕产妇	妇女健康	专项病治疗	没有特别指出领域
项目数量	6	9	1	6	2	5	2
比例	0.23	0.35	0.04	0.23	0.08	0.19	0.08

在 26 个项目中，国内 NGO 一般都与自己业务主管部门合作，通过业务主管部门在地方的分支机构的推进来开展工作。国外 NGO 主要通过与卫生部的合作，自上而下地开展相关工作。无论是国内 NGO 通过业务主管部门的推动，还是国际 NGO 通过与卫生部的合作，项目最终的执行都是基层医疗机构，有的是乡镇卫生院，有的是县妇幼保健院。NGO 通过给予基层医疗机构一定的财力、物力和必要的培训等，使得基层医疗机构掌握一定的项目执行能力，实现 NGO 的项目目标。在项目的运作中，NGO 主要负责筹资、项目监测等角色。

上述非营利组织开展的活动主要集中在以下六个方面：①关注儿童营养。据我们掌握的信息，这些组织的项目集中在在读儿童的营养餐，主要是补充蛋、奶或者在孩子的膳食中增加蔬菜。针对这一群体的一个很重要的原因在于操作方便。但是，对婴幼儿营养关注的组织几乎没有。②组织医务专家开展义务诊疗；③提供相关医疗设备或者车辆等；④提供相关培训；⑤对孕产妇住院分娩进行补贴；⑥宣传倡导。

与此相比，母婴平安 120 项目在以下几个方面实现了创新和突破。

（1）项目的可持续性。实施项目的区域具有一贯性和稳定性，时间上具有很强的持续性。据我们了解，前述项目在地域上具有很大的流动性，在一个地方实施项目之后就更换地点。而且，在一个地方很难长时间开展项目，大多数只是一次性和临时性的。这样的项目结束之后，一次性受惠也容易使其他大量潜在的孕产妇得不到服务，母婴死亡率很难真正降下来，临时性的宣传倡导也很难真正改变当地的传统习惯。为了解决这一问题，母婴平安120项目在设计之初就注重项目的可持续性，将一个项目县的发展援助项目周期定为10年。这样有三个好处：使母婴死亡率真正降下来；培育一支专业性队伍；持续的宣传、倡导、实施有助于改变当地人的生育、婴儿喂养习惯。

（2）瞄准机制。母婴平安120项目在为贫困地区基层医疗机构提供设备援助、培训、宣传之外，还引入了贫困孕产妇补贴制度。也就是说，该项目利用有限的资源最大限度地将目标锁定在贫困孕产妇这一特殊群体。具体表现在，该项目在产前检查、新法接生、高危抢救等环节上为贫困孕产妇提供资金援助。这在很大程度上解决了贫困孕产妇无钱就医的问题，为母婴死亡率下降提供了重要保障。可以说，母婴平安120项目在诞生之初就秉持了中国扶贫基金会的理念，将解决母婴平安的公共卫生问题作为突破口、作为手段，其目标是在最大程度上减贫或缓贫。这也是与前述大多数非营利组织单纯作为一个公共卫生项目的最大区别。

（3）建立、完善发现及管理目标人群的机制。在贫困地区，很多孕产妇仍采用传统的在家自然分娩的习惯，婴儿的喂养也是如此。当地的医疗卫生网络由于人员及资金的匮乏，也很难直接获取孕产妇的信息，更谈不上对这一群体的服务了。正是在这种情况下，基层卫生医疗系统只能对主动来医院产检、分娩的孕产妇提供相应的服务。为了改变这种被动局面，中国扶贫基金会母婴平安120项目通过建立、完善发现及管理目标人群的机制，通过这种机制，基层卫生系统对孕产妇群体开始主动提供规范服务。具体做法包括：首先，通过项目区普查以及村保健员日常性探访，非常翔实地掌握项目区孕产妇数量及其孕期身体变化情况，尤其是标注出最容易发生危险的高危孕产妇。然后，将上述数据及信息定期上报并录入县数据库。这样，就可以监测到最近动向，以便随时提供服务。其次，为了克服基层卫生工作人员填表的困难，掌握到准确的数据，中国扶贫基金会还编写了《表格填写指南》《录入指南》。

（4）完善的项目管理办法。经过六年多的探索，2006 年 4 月，中国扶贫基金会母婴项目部出台了《母婴平安 120 行动项目管理办法》（修订版）。该办法包括了总则、项目启动前的工作流程、项目管理和执行机构的岗位设置及职责、母婴安全救助系统、产后母婴物资援助系统、医疗设备援助系统、基层妇幼保健培训系统、项目信息管理系统、人员工作考评与奖励、其他等十个部分，全面规范了该项目的操作流程。从我们现场评估来看，无论从合同档案的管理、补贴发放的手续还是管理机构的运作，都可以看出这些办法得到了很好的贯彻执行。

（5）在坚持原则前提下的灵活调整。母婴平安 120 项目实施以来，在坚持帮助贫困孕产妇的基本前提下，也随着情况的变化进行了一系列调整。例如，随着项目区降消项目以及新农合项目的开展，中国扶贫基金会配合国家政策，在补贴对象、补贴标准方面及时进行了调整，从而提高了资金的使用率，收到了较好效果。

除此之外，母婴平安 120 行动项目还应用了参与式农户教育等发展工具，从而取得了一定的效果。此外，为了配合中国扶贫基金会的国际化战略、开启非营利组织参与中国民间外交的先河，母婴项目部还与澳门乐善行合作开展了对非洲几内亚（比绍）的援助项目。最近开展的对苏丹卫生援建项目的资助更使得中国扶贫基金会成为中国非营利组织在国际舞台上开展活动的领跑者。可以说，这些做法在国内非营利组织母婴卫生服务项目中实现了制度创新。事实证明，这些创新举措取得了很好的社会效益，也为非营利组织开展类似项目提供了可以借鉴的宝贵经验。

八 项目的影响力评估

项目的影响力评估最适合政策倡导项目，也适合那些较大规模的试点项目。其内容有：项目实施前后，项目点的政策环境是否发生变化？项目点上的哪些政策环境变化与项目实施有直接关联？如果有关联，再分析和评价项目对政策的影响具体体现在哪些方面，这些政策影响又是如何实现的？政策影响力是大还是小？等等。

九 对与项目高度相关的主观指标进行测评

终期项目评估时，要对利益相关者的主观认知进行测评，主要包括满意度、态度/能力变化幅度、价值大还是小、效果明显还是不明显、频次高还是低以及意愿变化等。通过关联式问题和矩阵式问题的测量，可以较容易得到评估者需要的有价值的信息。

关于项目的终期评估内容还有一些其他的表述，例如，世界宣明会认为终期评估包括[①]：

（1）提供哪些活动有效果或没有效果及其原因的信息。

（2）确定项目（子项目）背后的理论基础与假设是否有效。

（3）量度项目和子项目的效率、一致性、相关性和可持续性。

（4）指导决策者或项目执行者再造成功的项目。

（5）鼓励和赞扬合作伙伴的成就。

（6）帮助学习和总结知识，以增加影响。

第三节 为什么要进行终期评估

针对不同的评估目标，世界宣明会将终期评估分为"以学习为目

---

① 世界宣明会：《从问责及规划的评估中学习》，2007，第72页。该手册中叫"后期评估"，而笔者采用的是"终期评估"，特此说明。

标的终期评估"和"以遵章为目标的终期评估"（见表5-1）。

表 5-1 两种不同类型的中期评估

	以学习为目标	以遵章为目标
基本目的	改善将来的表现	回看过去的表现
侧重点	成败的原因	成功或失败的程度
哪些机构喜欢采用	救援组织、调研机构、顾问、发展中国家	政府、传媒、游说和压力集团
主题选择	选择项目和子项目学习经验教训	根据不遵章产生的风险的程度选择项目和子项目
后期评估的地位	后期评估是项目或子项目管理周期的其中一环	后期评估是最后的产物
评估者的地位	通常包括合作伙伴，同工亦包含在内	必须是公平及独立
数据的运用	用收集到的数据以估计及计划新项目或子项目	集中在结论：很少运用到收集的资料

资料来源：世界宣明会：《从问责及规划的评估中学习》，2007，第77～78页。

上述两种终期评估类型的划分有较高的参考价值，但其中一些成分并非完全不能兼容。基于此，笔者以为，开展终期项目评估的理由如下：

（1）终期项目评估是管理的内在逻辑要求。终期项目评估并非项目管理周期中可有可无的一环，而是由管理的内在属性所决定的，对成本—效益分析、质量控制、绩效管理、提升项目管理水平等都有重要意义。

（2）满足各利益相关者多元问责之需。和企业项目管理不同，非营利组织项目始终处于各利益相关者的多元问责之中，而高质量的终期评估是满足此一需求的最好途径。

（3）有效测量项目产出和效果，总结好的经验做法，激励利益相关者，并促进项目顺利转化和可持续发展。

（4）发现项目实施中的不足，为进一步改善项目管理做好准备。

（5）终期评估有利于组织和项目团队的反思、学习和进步。

第四节 终期评估的步骤

项目终期评估与紧急或非紧急救援项目、试点项目、创新项目或其他项目类型等几乎无关，均需遵循确定评估任务和评估计划—组成评估团队—设计评估框架—实施评估—撰写终期评估报告的步骤。图 5 - 2 中世界宣明会的例子值得参考。

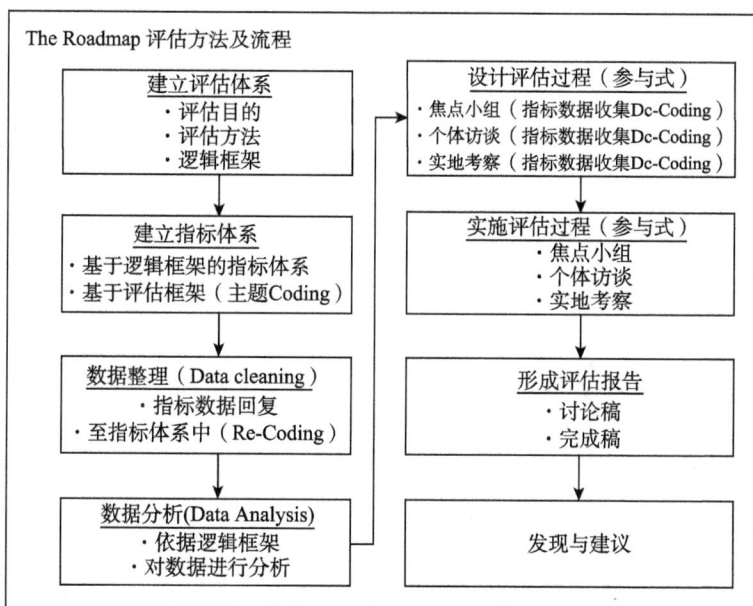

The Roadmap 评估方法及流程

建立评估体系	→	设计评估过程（参与式）
·评估目的 ·评估方法 ·逻辑框架		·焦点小组（指标数据收集Dc-Coding） ·个体访谈（指标数据收集Dc-Coding） ·实地考察（指标数据收集Dc-Coding）

建立指标体系	实施评估过程（参与式）
·基于逻辑框架的指标体系 ·基于评估框架（主题Coding）	·焦点小组 ·个体访谈 ·实地考察

数据整理（Data cleaning）	形成评估报告
·指标数据回复 ·至指标体系中（Re-Coding）	·讨论稿 ·完成稿

数据分析(Data Analysis)	发现与建议
·依据逻辑框架 ·对数据进行分析	

图 5 - 2 世界宣明会提供的评估流程

一 确定评估任务和评估计划

在项目设计中，已经对终期项目评估时间、评估类型以及经费保障等进行了大致规划。在项目接近尾声之前，评估的目标、范围、评估类型、开展终期评估的起止时间和进度等应当明确下来，评估经费也应予以落实。

二 组成评估团队

（1）终期评估前需要明确采用何种类型的评估团队，是项目团队或非营利组织内部评估团队、外部专家团队还是组成混合评估团队。目前，国际非营利组织中，多流行"以学习为目标"的评估方式，即由合作伙伴以及外部专家组成的混合团队实施终期评估。

（2）分解评估任务。

（3）在细分的评估任务基础上，商量评估团队成员的候选人。组织内部以及合作伙伴的合适人选可以协商确定，外部专家既可以通过招标方式，也可以以邀标或定向委托的方式进行确定。候选人能否胜任是首先要考虑的条件。遴选出评估团队成员后需要确定评估团队的负责人。

（4）商定评估团队成员间的协调与沟通机制，并形成内部文件。

（5）为避免将来产生不必要的纠纷，要用合同的方式约定各位评估成员的权利和义务。如果要使用组织内部不宜公开的资料，最好和评估团队成员分别签署保密协议。

三 在文献梳理的基础上设计评估框架以及确定评估方法

1. 文献准备工作

项目团队组建完毕，接下来需要在文献整理的基础上对终期评估的评估框架、方法等进行周密设计。世界宣明会的经验是：

五项工作需要在设计后期评估时完成：

1. 研究和审阅有关文件；

2. 了解项目解决贫穷及不公义问题的方法——定出项目框架以分析数据；

3. 汇总所需资料；

4. 计划收集及分析数据的方法；

5. 要取得各方对整个评估设计的同意。

有关这部分的信息可另行撰写后期评估设计文件，或集合在工作范围中。若工作范围在设计阶段内已大致完成，应另行撰写后期评估设计文件。后期评估组长采纳个人、小组、顾问及合作伙伴的研究成果，统筹整个设计过程及准备有关文件。[①]

2. 设计评估框架

项目终期评估团队组建后，接下来需要讨论确定合适的评估框架、指标以及评估方法。较为常用的评估框架有：

（1）"三 E"评估框架。所谓"三 E"，是指 Economy（经济）、Efficiency（效率）和 Effectiveness（效果）。三者分别是对项目成本、项目过程/投入产出比以及项目产出/影响力等进行的评价。"三 E"必须综合考量，而非仅仅突出某一个方面。例如，项目成本低未必能带来高效率和高产出，反之亦然。

（2）"三 D"评估框架。"三 D"分别代表着 Diagnosis（诊断）、Design（设计）和 Development（发展）。"诊断是指项目管理者能够正确识别项目所面临的新的管理问题，能够考虑到主要的相关利益群体的需求与利益。设计是指项目管理者能够通过适当的策略解决这些问题，能够设计解决这些问题所需要的恰当的结构与战略。发展是指一种解决项目实施过程中所遇到问题的能力，以及相应的作为学习过程的管理变革或创新"[②]。

（3）基于理论的影响评估[③]。该评估框架是由"影响评估国际动议组织"所创，非常适合项目的影响力评估。该框架提出 6 个指导评估实践的原则：分析因果关系/确定因果链（项目理论，例证见表 5 - 2）、环境认知、预见异质性、使用可靠的反事实进行严谨的影响评估、严谨

---

① 世界宣明会：《从问责及规划的评估中学习》，2007，第 80 页。

② 邓国胜：《公益项目评估——以"幸福工程"为案例》，社会科学文献出版社，2003，第 11 页。

③ 霍华德·怀特：《提高政策效率：影响评估的作用》《基于理论的影响评估：理论与实践》，中国教育财政科学研究所、中国科学院农业政策研究中心"政策影响评估前沿方法"国际研讨会会议培训材料（一），2010 年 9 月。

的事实分析以及使用混合法。

表 5 - 2 教师培训项目的因果链

	科目	衡量指标	假定条件
投入	资金、教学材料、助学金、培训场地	接受培训的老师人数	
活动/过程	对老师进行培训	接受培训的老师人数	高质量培训
成果	接受过培训的老师	教师技能	老师在教学中应用掌握的技能
中间产物	学生成绩提高	考试成绩	学校允许教师使用新方法
最终结果	更高生产率或收入	收入或消费	充分的就业机会

（4）逻辑框架分析法（项目框架工作方法）。该方法由美国国际发展署于 1969 年开发，是指"在动态变化下必须结合使用的一组相互关联的概念，用以详细描述一个设计得当的、客观描述和非常有价值的项目"（Gilroy Coleman，1987）①。通过建构的矩阵模型（表 5 - 3），该方法不仅可以用于项目规划，也可以用于督导和评估。

表 5 - 3 项目框架矩阵模型

	项目结构	指标和价值观	验证方法	假设和关键因素
总体目标				
具体目标				
产出				
活动（投入）				

（5）"APC"评估框架。这是清华大学公共管理学院 NGO 研究所提出的评估框架。"APC"系 Accountability（问责）、Performance（绩

---

① 这些资料以及表 5 - 3 均引自〔英〕路易莎·戈斯林、迈克尔·爱德华兹《发展工作手册：规划、督导、评估和影响分析实用指南》，社会科学文献出版社，2007，第 253～254 页。

效）以及 Capacity（能力）三个英语单词的首字母。"项目的问责性评估是确保民间组织诚信的一种制度安排，它的功能在于帮助民间组织树立社会公信度，树立公益项目的品牌；项目绩效评估的功能在于通过评估提高项目的效率、促进项目的质量；而实施项目组织能力的评估，其功能在于促进民间组织实施公益项目能力的提高"[①]。

总之，可以根据项目终期评估的需要，建立符合实际情况的评估框架。

3. 评估指标

评估框架一旦确立，接着就需要制定评估指标。评估指标既可以是定量指标，也可以是定性指标，大致涵括以下几个方面：

（1）总目标和具体目标的实现率（指标完成情况）；

（2）产出的成本效益分析；

（3）资金到账率和使用效率；

（4）项目管理制度的健全程度；

（5）项目员工能力的变化；

（6）对于合作伙伴关系的测量和评判；

（7）受益者对项目以及项目管理人员的满意度、认同度、知晓率；受益人群以及项目管理人员对项目未来发展方向的主观认知；

（8）项目的影响力；

（9）项目的可持续性。

在制定评估指标时，需注意对不同利益相关者的测度以及保持对横切焦点的敏感性。

4. 评估方法

评估方法我们在前期评估部分已经有较详细的介绍。除了问题树等少数方法和工具，其他都适用于项目终期评估，故此处不再赘述。这里重点介绍的是比较法。在项目终期评估中，比较法非常重要，因为没有比较，项目的变化、成效或不足之处就无法凸显出来，于是评估就变成

---

① 邓国胜：《公益项目评估——以"幸福工程"为案例》，社会科学文献出版社，2003，第 13～14 页。

就项目谈项目。比较有两个维度：项目实施前后的纵向比较；和同类项目之间、项目点和未开展项目的对照组之间的横向比较。这两个维度的比较中，不同组织的同类项目之间的横向比较最为困难，因为非营利组织不愿意无条件公开自己的项目资料供其他组织来比较，毕竟在筹款市场中是竞争对手。此类比较难度大的另一个原因在于，不同非营利组织项目之间的比较，很容易置于孰优孰劣的道德、价值评判的语境之中，这对较差的一方来说是无法接受的。因此，更多的项目终期评估是纵向比较。但横向比较不仅有必要，而且更有价值。在实际评估中，我们可以采取两种横向比较法。

（1）首先，利用公开的资料进行比较。这样不会引起争议，例如前面提到的中国扶贫基金会的母婴平安120项目和同类项目之比较。其次，使用无直接利益冲突的项目资料，例如对不同发展中国家的同类项目的比较也是稳妥的办法。最后，匿名处理后进行比较也是可行的，但匿名仍能让人一眼识别出来的除外。

比较法小案例①

为帮助5·12地震灾区的青少年儿童尽快恢复健康心理状态，在耐克（中国）体育有限公司资金支持下，中国扶贫基金会联合国际美慈组织，积极开展"加油——在运动中成长"社会心理项目。"加油"项目主要通过主题游戏和运动的方式，激发孩子们自我成长的心理潜质，培养他们的建设性交流、自尊心、耐挫力、团队合作与信任等积极品性，在运动中展开心理援助。项目覆盖四川省德阳、绵阳、平武、都江堰以及甘肃省文县等12个县（市、区）的194所学校。

为评估此项目，采取了定量研究。问卷从积极和消极两个方面进行测查。其中，消极变量包括PTSD（创伤后应激障碍）和抑郁，积极变量为PTG（创伤后成长）和复原力。学生问卷一共发

---

① 此部分主要由安媛媛完成。引自韩俊魁（项目负责人）、赵小平、秦为夷、安媛媛执笔完成的《中国扶贫基金会汶川地震救灾项目评估报告》，2010年5月10日。

放了 2035 份，由于是当场回收，因此全部收回，回收率为 100%，实际有效问卷 2016 份。评估小组和另外一个匿名处理的极重灾区——汶川的心理项目进行了比较，结果发现：扶贫项目组的积极心理指标水平高于对照组，而扶贫项目组的消极心理指标水平低于对照组（见图 1、图 2、图 3、图 4）。

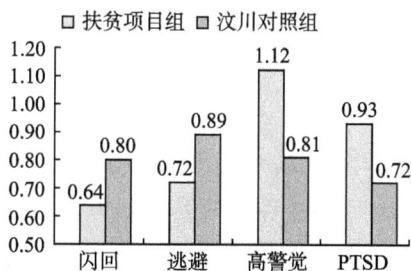

图 1 PTSD 之比较

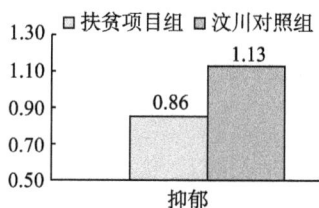

图 2 抑郁量表值的比较

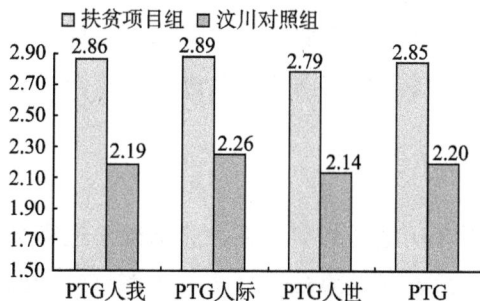

图 3 PTG 之比较

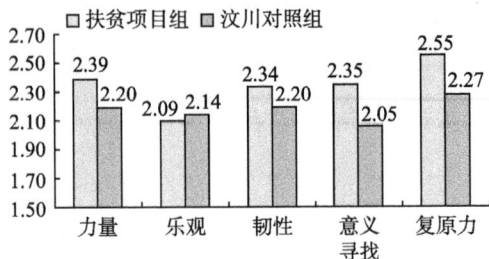

图4 复原力比较

（2）通过项目点与附近没有开展项目的社区进行比较，由此发现项目实施带来的变化。另外一种更严格的比较是在项目设计时就有意识引入多个对照组，用于更准确地评估最终项目产出和影响。例如，江西省村级扶贫规划试点项目中，江西扶贫办在第一阶段同时向6个试点村和6个对照村发放扶贫资金，但这两类村扶贫项目的实施方式不同：试点村由非政府组织开展扶贫工作，中国扶贫基金会对扶贫资金进行管理和监督；对照村则由政府按传统扶贫方式开展工作。[①]

四　实施评估

终期评估按照既定的计划、框架和进度开展就可以了。在实施过程中，需要注意采集数据的信度和效度。不论通过访谈或其他参与式工具获取一手素材，还是引用二手数据时，都尽量要通过交叉检验以保证其可靠性。作为一个子项目，终期评估要和项目管理一样把握好进度管理和风险管理，要有足够的措施防范评估进度的延滞或中断。

五　撰写终期评估报告

评估报告需要客观呈现事实，并在此基础上进行分析和建议。客观材料和主观分析一定要区分清楚，以留给读者足够的判断空间。报告结

---

① 《中华人民共和国支持非政府组织和政府合作进行村级扶贫规划试点的技术援助项目：中华人民共和国政府与亚洲开发银行谅解备忘录》，2005。

构大致可以采取评估目标—评估方法—评估发现—讨论和建议等几部分。一个好的终期评估报告有以下特点：

（1）评估目标明确，评估逻辑框架清晰。

（2）方法得当。需注意多种方法和工具的交叉使用。

（3）事实描述准确、细节丰富。

（4）适当引用受益对象的原话（可对无关紧要的口语进行修改），让他们在文本中"发声"。

（5）结构合理，层次清晰，分析深入。

（6）建议客观、中肯，操作性强。

（7）图文并茂，行文生动。

（8）所有数据来源的注释要规范。

六 终期评估成果的转化

终期报告最终的形式可以是内部报告或公开出版物。无论何种方式，一定要充分利用评估成果，使其效用最大化。否则，评估报告就只能停留在纸面上，限于向资助方交代，而无法转化为积极的行动。因此，我们强烈建议：

（1）用于项目团队、组织的分享、学习和反思，并据此采取进一步的行动。例如，与组织其他成员分享交流项目得失及其原因，反思目标人群的需求如何有效满足，反思社会问题的深层原因以及组织管理能力等议题。

（2）用于提升合作伙伴能力和强化合作关系。和伙伴一起分享和反思在合作过程中的得失，并制定下一步的学习计划和行动策略。

（3）如果有必要，可在终期评估报告的基础上形成政策建议稿，或通过媒体进行倡导，或提交决策部门供其参考。

第六章

项目收尾

　　没有任何一家非营利组织会在一个固定的项目点上无限期地提供服务，因此，总会到达和项目点目标人群说再见的时刻。毕竟在项目设计之初，就会考虑到项目何时结束。而且，不论采取何种方式使项目点实现可持续过渡，都会进行形式上或实质上的结项。从这个意义上来说，项目管理的最后一个阶段，就是项目收尾。更准确地说，它也是孕育新的项目、即将出发的地方。

　　作为项目管理周期中重要的一环，项目收尾管理有着重要的承上启下的功能。项目收尾并非简单宣告项目结束，而是由一系列反思、学习、总结、产生新的创意、过渡、行动以及举行必要"仪式"所组成的活动和过程。接下来，我们将这些内容纳入"反思与学习""过渡"以及"结项"三节中进行介绍。

第一节　反思与学习

　　"反思是计划并预备时间，让合作伙伴联合起来分析项目和子项目数据，通过深思熟虑和讨论，给予项目和子项目改善建议。这些建议可为项目、个人及机构带来转化性发展"。[1]

　　正如世界宣明会的经验，反思其实贯穿于整个项目周期。这里论及的反思是指对整个项目的反思。有人会认为，终期项目评估报告已经对项目或子项目进行了足够的反思，而不需要再反思。这个观点是不正确

---

[1]　世界宣明会：《从问责及规划的评估中学习》，2007，第85页。

的。因为，尽管吸收了各方观点，但终期项目评估报告毕竟带有评估团队的主观判断，并不能完全代表项目团队成员、所有合作伙伴以及受益人的观点，尤其当终期评估由外部专家团队完成时更是如此。因此，非常有必要让整个项目团队、非营利组织成员以及合作伙伴进行反思，受益人代表，尤其是骨干也应当参加。

反思的目的①

- 保证在项目/子项目中的经验学习能转化成对工作的正面影响；
- 更了解个中道理及知识，以重新设计项目和子项目，更有效地解决贫穷与不公问题；
- 不但集中在效益和最终产品上，还要集中在我们曾度过的困难及挑战——突显过程的重要性，让学习成为全体合作伙伴关注的重点；
- 帮助我们和合作伙伴退后一步，明白合作解决贫穷的重要；
- 把机构和个人的学习通过对项目、子项目、合作伙伴和策略的研究、思考、行动、文件记录和沟通系统化；
- 鼓励持续专业发展。

反思是一种学习，有助于过渡和行动。但目前，国内非营利组织对筹款的重视远远超过对项目操作的青睐，对项目启动仪式的关注远远超过对项目收尾的投入。而且，大多在提交终期评估报告或项目总结后便直接进入本章第三节——结项工作。这是一种极其粗糙的"重重举起、轻轻落下"式的项目收尾。

与此形成鲜明对照的是，很多国际知名非营利组织将反思和学习作为项目收尾管理阶段的第一个步骤来看待。下面是世界宣明会提供的人道学习（Humanitarian Learning）、后期评估、分析和研究网络的图（参见图6-1）。

---

① 世界宣明会：《从问责及规划的评估中学习》，2007，第84页。

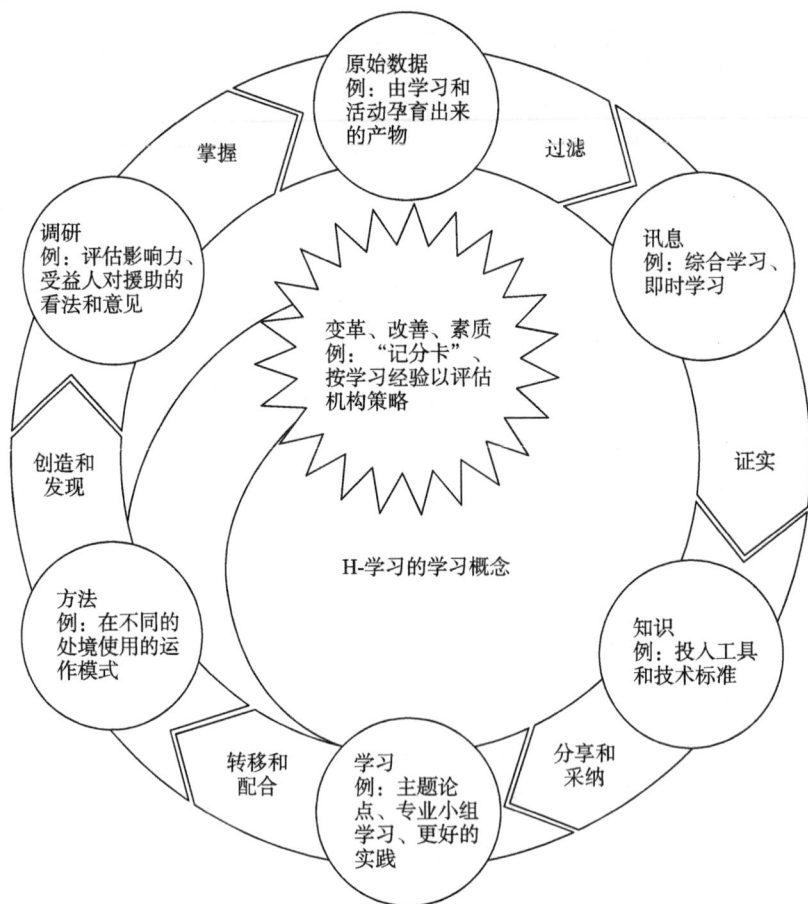

图 6-1 H-学习的学习概念

就项目反思与学习来说，可以通过围绕实施的项目制定不同的学习主题，借由学习小组、案例剖析、内部培训、研讨会、工作坊等各种方式与项目团队、非营利组织员工以及合作伙伴等共同进行。

反思与学习并非一次就能完成，故需要使用多种灵活方式。其成果包括完善项目管理的建议、总结报告、案例分析报告等。反思和学习的成果可以用于补充、完善项目管理制度、重新思考和定位受益人群的需求、产生新的项目创意以及对相关社会问题的深刻理解，最终实现项目的顺利过渡。此外，反思和学习的成果也可以成为日后督导重要的智慧和经验的组成部分。

谁来发起和组织反思和学习？一般而言，项目团队负责人、合作伙伴负责人以及非营利组织负责人最为合适。

第二节　过渡

过渡是项目管理周期中的有机组成部分。过渡是指从非营利组织的外部项目干预进入社区或目标人群自主发展的过程。过渡或长或短，因非营利组织的战略发展以及社区或目标人群的能力而异。

过渡可以分为三种情形：①由于各种原因，非营利组织在该项目点的活动完全结束而撤离；②非营利组织继续留在当地递送服务，可以是原项目的第二阶段的发展，也可以是随着项目点目标人群的需求变化而启动另外一个项目；③非营利组织透过本地组织或社区骨干继续提供服务。这三种情形都需要专业化手法实现过渡，才能使项目的效益和影响力持久存在，从而改善项目点目标人群的生活状况。

项目的过渡须在反思和学习基础上进行。过渡的目标直接指向项目的可持续性问题。世界宣明会认为可持续性的种类如下（见表 6 - 1）：

表 6 - 1　可持续性的种类

可持续性的种类	说明	是谁的责任	例子
提供服务/管理（关注产出层面）	为了本地伙伴的福祉，组织或机构（宣明会以外）提供及管理资源（包括金融、自然、物资和人力）和（或）服务。	社区组织（例如当地社区组织）团体政府	1. 由社区/社区组织和政府兴建的卫生所，当（宣明会）支持结束后仍然能够维持良好管理和提供服务。 2. 水资源管理委员会。
个人行动/行为转变（关注短/中期效益层面）	现有的行为、态度、社会习惯或文化习惯的改变被维持下来或被永久性地接受。	个人社区	1. 采取改良的农耕技术或卫生习惯。 2. 放弃对儿童有害的文化习俗，例如早婚、做一些损害女性生育的手术。 3. 人们团结起来游说政府，争取卫生服务和平等教育机会。

可持续性的种类	说明	是谁的责任	例子
政策改变和执行（关注长期效益或目标层面）	项目成效对目标人群产生超越性的影响：在现有系统和结构下，提倡政策的改变和执行。	政府 商界 社区	1. 修改教育政策，让女孩和残障儿童能接受教育。 2. 修改土地权政策，推行平等土地使用及拥有权。 3. 改善卫生服务质素；增加医疗经费。 4. 社区与本地公义机制合作，并迅速响应；监管及维护权益、保证资金得以落实或协助弱势社群利用司法系统争取公平。
充权、公民权和创造力（关注目标层面）	本地伙伴证明他们有足够的能力，为促成社区的转变提出适用及合适的方案；能够发展本身的能力和资源（包括财务、自然、物质和人力）。	个人 社区 组织（例如当地社区组织） 团体 政府	1. 增强本地合作伙伴影响政府和决策者的能力，以获取资源解决需要和行使权利。 2. 增强政府和团体的能力以解决本地群众的需要和运用权利。

世界宣明会的经验也可以用本书前面提到的"可持续性"加以概括，即表现在四个方面：资金的可持续；组织的可持续性；项目理念核心要素的可持续以及项目经验的政策转化。采取正确的、专业的过渡方法，有助于项目最大限度实现可持续，并有益于项目点目标人群的平稳过渡以及避免预期中断现象的发生。

一　撤离项目点前后的过渡

无论何种原因导致的非营利组织因项目停止而撤离，都要在撤离前后做好项目过渡工作。具体包括：

（1）提前告诉项目人群结束项目的理由。即使是资金的原因也应当坦诚告知。坦率、真诚是最好的沟通手段；成功的政策转化是撤离项目点最好的交代。

（2）从正面提出解决项目点问题的可操作建议，以消解目标人群的焦虑和不安情绪。

（3）做好项目点的回访工作方案。回访频率可以逐步降低。例如，非营利组织开始可以每个月一次，半年后减少为一个季度一次，一年后改为一年一次探访，直至完全退出项目点。每次回访都可以从建设性角度提出建议。同时，在回访过程中，如果发现项目点目标人群重新面临严峻挑战或突发自然灾害，最好能及时回应。

（4）撤离前，做好项目点防减灾的公众教育工作。

二 继续留在项目点工作

如果项目点目标人群依然存在很大需求，而且在非营利组织能力许可的前提下，最好选择继续留下来为目标人群提供服务。诸如扶贫或灾后重建等周期很长的项目，就建议项目以适当延续的方式回应现实的需求。

继续留在项目点的过渡方式既可以是既有项目的延续，也可以是计划实施另外一个新项目，一切取决于需求和非营利组织发展战略。如果这样，在该项目结项后就直接进入下一个项目周期的管理。

三 透过本地组织或社区骨干继续递送服务

培育本地组织或社区骨干是实现项目可持续发展的好办法。这时就转化为资助关系的项目。但本地组织以及社区骨干能力的增强需要较长过程，因此非营利组织要有足够的耐心、充裕的资金以及培训师资的跟进。这种过渡方式需要把握好赋权的周期，平衡好本地组织或社区骨干的能力增长与他们对非营利组织依赖之关系。[1]

就我们在国内观察到的实践来看，不少非营利组织更热衷于建立组织网络来筹款、"划圈子"，即使有在地化组织的能力建设项目，成效也有限。

---

[1] 韩俊魁：《境外在华 NGO 对草根组织的培育：基于个案的资源依赖理论解释》，丘昌泰主编《非营利部门研究——治理、部门互动与社会创新》，台湾智胜文化事业有限公司，2007，205～223 页。

第三节　结束项目

无论选择继续留在项目点还是撤离，无论是原有项目的延续还是计划开展新项目，项目都将告一段落。

香港乐施会规定，在下列工作完成后，才可以办理项目正式关闭的手续：

- 所有计划的活动，包括项目调整后增加的活动已经完成；或者没有必要再实施。
- 所有项目拨款和结余资金退款都已经处理完毕。
- 乐施会收到并接受所有工作报告和财务报告。
- 需要审计的项目，审计报告已经完成并被乐施会接受。
- 审计的后续跟进事宜已经完成。
- 所有计划的内部或外部的评估学习活动已经完成并收到报告。
- 所有报告要求的跟进活动已经完成。
- 对外部资助者的承诺已经满足（如适用）。①

结束项目时，项目团队需要处理以下事务。

一　完成合同的验收及最终项目报告

首先，需要检查与合作伙伴（包括资助方）、外部专家等签订的合同中的所有事项是否完成。如果对方没有遵守合同中的某些条款，应当想办法处理。

其次，应当在所有项目资料的基础上撰写最终项目报告。需要提醒的是，最终评估报告不能代替最终项目报告，而只能作为后者的有机构成部分或重要的证据来源。

---

① 香港乐施会：《项目手册》（中国内地项目适用），2014 年第 6 版。

二　项目资料的归类存档

结项时应当将所有项目资料归类存档，其理由以及需要归档的资料可参见下面的小资料。

为什么进行文件归档？

用作可交付成果将来变更的参考；

作为未来项目、活动和任务的工期和成本估算的历史记录；

作为培训项目负责人的资料。

需要归档的三类项目资料

工作文档——运行项目所需的所有文档，包括甘特图、进度、分析、状况报告、进展报告、变更管理等。把这些资料集中在一起，可为任何技术审查提供便利。

合同文档——所有与外部合同或工作说明、章程和备忘录相关的文档。

项目总结报告——通过对项目进行总结，找到哪些进展顺利、哪些出现问题的分析。这些分析对未来项目尤为重要。因为它们可以改进估算过程，并缓解风险。它们也是估算和更新最佳时间的重要信息来源。[1]

香港乐施会需要存档的项目档案主要包括：[2]

- 项目建议书（项目概述和评审文件）；

- 批准备忘（批准通知书）；

- 项目协议书；

- 顾问或志愿者合同；

- 已经支付的项目拨款申请表（含汇票复印）；

- 合作伙伴收到拨款后出具的收据或发票的复印件；

- 项目调整报告和批复；

---

① 均引自北京市民政局编《社区志愿服务项目化运作与管理》（未刊稿），2015。

② 香港乐施会：《项目手册》（中国内地项目适用），2014 年第 6 版。

- 项目进展报告/中期报告;
- 项目评估报告;
- 项目总结报告;
- 项目财务报告;
- 审计报告和跟进意见;
- 项目结束记录表;
- 照片和图像资料;
- 访点报告;
- 有关电邮信件。

三　财务审计

审计的内容主要包括:资金使用的方向是否准确合理;收入、支出、盈余、负债等具体明细;财务管理制度是否规范,票据是否齐全等。审计方式包括:如果是小型非营利组织,可以请财务人员撰写内部财务审计报告,然后报理事会审核;如果是大型的非营利组织,建议聘请专业的第三方机构完成。

四　物资的处理

如果非营利组织选择继续留在项目点,就不会面临这一问题。如果选择撤离,物资可以运至其他项目点,也可以将部分或全部物资转赠给当地的合作伙伴。如果透过本地组织继续提供服务,可以将部分或全部物资转赠给该组织。

五　项目团队的"解散"

由于项目的一次性特点,以及随着项目目标的(部分)实现,项目团队中有的成员或继续留在团队之中,或转到其他工作岗位,或选择离开这家机构。在组织文化的基础上维系良好的人际关系非常重要。我们建议:

（1）在考核的基础上，认真评估每位员工和志愿者的能力及特点，以沟通的方式协调处理好离开项目团队的成员的工作，包括社会福利等。

（2）及时跟进支持性督导工作。对于那些离开项目团队的成员和志愿者，可以在支持系统方面提供正面建议。

（3）尤其重视项目点在地化员工面临的问题，或留任，或推荐，或尊重其其他择业意愿。

（4）对于离开项目团队尤其是离开所属非营利组织的员工和志愿者，做好后续的关系维系工作。例如，可以在以后的年节发电子贺卡，定期发送电子简报或通讯等。

六　项目结束前的仪式

"仪式不仅是强化群体纽带和缓解紧张的一种方式，而且它也是庆祝许多重要事件的方式"[①]。无论项目成败与否，最好举行与启动仪式相呼应的项目结束仪式。通过项目团队、合作伙伴以及受益人代表的参与以及项目的展示，也许能产生意想不到的效果。正如有的研究人员所总结的那样：

（1）对项目团队而言，它（结项仪式——笔者注）标志着项目的正式结束。

（2）提供了机会来认可每一个人和他/她对项目的成功所做出的贡献。

（3）作为领导，项目负责人也能从赞赏中获益。在下次他/她要领导一个项目并需要一个新团队时就会显示出来。[②]

---

① 〔美〕威廉·A. 哈维兰：《文化人类学》（第十版），瞿铁鹏、张钰译，上海社会科学院出版社，2007，第403页。
② 引自北京市民政局编《社区志愿服务项目化运作与管理》（未刊稿），2015。

图书在版编目（CIP）数据

非营利组织项目管理／韩俊魁著. -- 北京：社会
科学文献出版社，2015.12（2024.7重印）
（清华明德工具丛书）
ISBN 978 - 7 - 5097 - 8150 - 0

Ⅰ.①非…　Ⅱ.①韩…　Ⅲ.①社会团体 - 项目管理
Ⅳ.①C912.2

中国版本图书馆 CIP 数据核字（2015）第 232491 号

清华明德工具丛书
非营利组织项目管理

著　　者／韩俊魁

出 版 人／冀祥德
项目统筹／芮素平
责任编辑／赵瑞红　关晶焱

出　　版／社会科学文献出版社·法治分社（010）59367161
　　　　　地址：北京市北三环中路甲 29 号院华龙大厦　邮编：100029
　　　　　网址：www.ssap.com.cn
发　　行／社会科学文献出版社（010）59367028
印　　装／河北虎彩印刷有限公司

规　　格／开　本：787mm × 1092mm　1/16
　　　　　印　张：11　字　数：163 千字
版　　次／2015 年 12 月第 1 版　2024 年 7 月第 6 次印刷
书　　号／ISBN 978 - 7 - 5097 - 8150 - 0
定　　价／49.00 元

读者服务电话：4008918866